MW01132408

100

Estrategias
Para Triunfar en
Bienes Raíces

100

Estrategias
Para Triunfar en
Bienes Raíces

Rubén Huertas

EDITADO POR ELBIA I. QUIÑONES CASTILLO, MBA, MA
CON LA COLABORACIÓN DE WEYNA QUIÑONES CASTILLO, ED.D.

100 Estrategias para Triunfar en Bienes Raíces

AZ DP 15 14 13 06 20 13

Power Publishing Learning Systems
PO Box 593
Caguas, PR 00726
info@powerpublishingpr.com
www.powerpublishingpr.com

ISBN 978-0-9819090-1-1

Este libro está dedicado a
todas aquellas personas que
me han mostrado el camino
y me han llevado de la mano
en este fantástico mundo de
los bienes raíces.

Contenido

Introducción

Este libro es una compilación de simples estrategias para triunfar que usted puede implementar de inmediato. La industria de los bienes raíces es muy abarcadora y extensa, por lo que se requieren estrategias comprobadas para alcanzar el éxito. Muchas de éstas pueden aplicarse a distintas áreas de nuestra industria al igual que otras.

Nuestro enfoque es uno desde el punto de vista del corretaje de bienes raíces. La información aquí compartida está basada en experiencias, estudios e investigación; no en ideas ni presentimientos. Ofrecemos 100 estrategias sencillas explicadas brevemente para que el lector las pueda internalizar de forma rápida.

No se deje engañar por la sencillez de las estrategias. Éstas son muy poderosas y efectivas. Evalúe cuáles de éstas usted está utilizando e incorpore aquéllas que aún no ha implementado. Los resultados que obtendrá serán testimonio de su eficacia.

Hemos mantenido el formato lo más sencillo posible para que usted pueda utilizar el libro como referencia, llevarlo consigo, leerlo a su tiempo y estudiarlo para sacarle el mayor provecho posible. Así que comience ahora mismo. Le deseo muchas bendiciones y abundancia.

100

Estrategias
Para Triunfar en
Bienes Raíces

Haga una lista de todas las cosas que necesita
realizar antes de comenzar su día de trabajo

Charles Schwab, la mano derecha de Andrew Carnegie, buscaba una estrategia para aumentar su productividad. El consultor Ivy Lee le dijo que podía ofrecer esa estrategia a un costo de $25,000. Pensó que aunque el precio era alto, era fundamental aumentar su productividad y la de sus empleados.

Escribió el cheque por los $25,000. Recibió, entonces, de las manos del señor Lee una nota que decía: "*Haga una lista de todas las cosas que tiene que hacer antes de comenzar su día de trabajo.*" El señor Schwab dudó al principio en hacerlo, pero decidió practicar la estrategia que acababa de comprar. Nunca se arrepintió de haber invertido positivamente su dinero.

Haga una lista de todo lo que tiene que realizar. Divida las tareas por categorías, establezca prioridades y cree el hábito de realizar las tareas más difíciles a primera hora en la mañana. Mientras más difícil e importante la tarea, más temprano debe realizarla.

Los judíos en Nueva York se esfuerzan por obtener su primera venta del día tan pronto como abren sus tiendas. No importa los ajustes que tengan que hacer. Conocen que esta primera venta establece el ritmo para el resto del día. Su éxito es prueba de que esta costumbre les ha rendido siempre muy buenos resultados.

Lea algo inspirador y/o motivacional
por lo menos 15 minutos diarios

La mejor manera de comenzar y terminar su día es a través de la lectura de mensajes inspiradores y/o motivacionales. En la mañana le brindarán el entusiasmo y energía necesarios para enfrentar su día. En la noche le ofrecerán una semilla que una vez plantada en su mente trabajará mientras usted duerme, fortaleciendo así su actitud mental y su perspectiva hacia la vida.

Existen muchos libros que pueden ser utilizados como fuente de inspiración. Entre ellos, se encuentra un tipo de libro que provee un mensaje diferente para cada día del año. Estos mensajes, por lo general, son cortos y no conlleva mucho tiempo leerlos para recargar nuestras baterías con esta información tan valiosa.

El famoso orador y autor Charlie "Tremendous" Jones dice que nosotros seremos en cinco años un perfecto reflejo de las personas que conocemos y los libros que leemos. Si esto es así, debemos entonces ser muy cuidadosos al escoger nuestro material de lectura.

Tómese el tiempo para buscar libros que le inspiren. Una vez los encuentre notará que regularmente éstos harán referencia a otros libros similares. Pronto usted tendrá varios libros a escoger para utilizar como herramienta de desarrollo personal y profesional. Busque e identifique el tipo de libro que es afín con su personalidad.

Revise qué tipo de mercadeo se está
efectuando para cada uno de sus listados

La tarea principal y más importante de toda persona de negocios es ejecutar un plan de mercadeo. No existe otra actividad que le brinde mayor rendimiento en su inversión de tiempo y dinero. Todos sus esfuerzos y los de sus asociados deben siempre estar dirigidos hacia reforzar y mejorar constantemente su plan de mercadeo.

Establezca la disciplina del seguimiento diario a sus actividades de mercadeo. Idealmente tendrá un calendario de actividades con las fechas, las actividades y el medio de comunicación a ser utilizado. Esto le ayudará a evitar que algunos de sus listados no tengan la exposición necesaria para la culminación de una venta exitosa.

Visite sus listados regularmente para verificar que los rótulos están en buena condición, que no estén doblados o virados o que no hayan sido removidos. Si cualquiera de estas condiciones existe, instale un rótulo nuevo inmediatamente. Su rótulo es la primera impresión que usted le ofrece a la comunidad y a los posibles compradores. Reflejan su forma de hacer negocios. Asegúrese de que esta primera impresión es positiva.

Esta práctica de seguimiento le servirá de mucha utilidad al momento de establecer cuáles son aquellas actividades que le resultan más efectivas dependiendo el tipo de propiedad y la temporada del año en la cual las ejerce.

Envíe notas escritas a mano

La práctica de enviar notas es una milenaria. Con los avances en la tecnología nos hemos desensibilizado a la necesidad de personalizar nuestra comunicación. Una nota escrita a mano comunica muchas cosas positivas y es un detalle delicado que sus clientes nunca olvidarán.

Debemos darnos a la tarea de enviar todos los días por lo menos una nota personal o tarjeta a prospectos o clientes. Esta práctica tiene dos efectos positivos: primero, lo obliga a usted a buscar cosas enaltecedoras en su medio ambiente y sobre sus clientes para justificar el envío de la nota; segundo, le sirve como una poderosa herramienta de mercadeo para mantener presencia en su mercado.

Al principio puede que le resulte difícil encontrar razones para enviar notas. Confíe en que en un período muy rápido usted se encontrará en una posición donde estará ciertamente enviando más de una nota diaria.

La clave para la efectividad de esta estrategia es que la nota debe ser escrita a mano de su puño y letra y que éstas deben ser enviadas de forma consistente. Envíe notas de agradecimiento, de felicitaciones, y de seguimiento. Muchas veces usted encontrará en distintas publicaciones información sobre su cliente o sobre el negocio de su cliente. Corte éstos y envíeselos por correo como muestra de que usted está prestando atención a sus negocios.

Termine todo lo que comience

Una de las estrategias más efectivas en el desarrollo de su autoimagen es terminar todas las tareas que haya comenzado. El hecho de terminar y completar sus tareas crea un efecto positivo y alentador en su subconsciente el cual le dará la fortaleza de comenzar y terminar tareas de mayor envergadura.

Cuando usted no pueda o desee terminar una tarea, elimínela de su lista o delegue la misma. Si la tarea es imprescindible, asegúrese de que le ha comunicado a la persona correspondiente que ha delegado o que no se hará cargo de la misma. Esto es asumiendo que usted tiene la potestad para poder elegir no realizarla.

Lo importante es que si no cree o no desea terminar la tarea en un tiempo razonable y no se ve obligado a hacerlo, entonces elimine el consumo de energía mental que ésta le imparte.

Debemos ser muy honestos con nosotros mismos y admitir que si no hemos terminado algo hasta ahora, probablemente no lo terminaremos en algún momento. Es como navegar en un barco con orificios por donde entra el agua. Eventualmente se hundirá. Termine sus tareas o deléguelas. Esto le brindará una gran satisfacción y poco a poco irá puliendo sus disciplinas lo cual le ayudará a desarrollar y mejorar su carácter como persona.

Reflexione sobre su negocio

La práctica de reflexionar sobre el estado actual y las posibles mejoras a su negocio le brindará resultados de inmenso valor. La mejor forma de hacer esto es utilizando una libreta de notas y todos los días tomar por lo menos cinco minutos para escribir cuáles son las áreas de negocio que son efectivas y cuáles son las que necesitan mejorar o comenzar a implementar.

Asegúrese de que este tiempo que toma para reflexionar no sea interrumpido por persona o tarea alguna. Apague el timbre de su teléfono y comprométase a dedicarle estos minutos a su negocio, completamente enfocado. Es así como obtendrá el mejor resultado.

Una vez haya reflexionado sobre su negocio, mantenga las notas recopiladas para así poder utilizarlas como puntos de referencia. Repase las notas anteriores y verifique que en realidad está aplicando las ideas que decidió implementar basado en sesiones anteriores.

Al reflexionar sobre posibles mejoras a su negocio evite que su situación actual determine las mejoras a ejercer. Si usted decide implementar un plan de mercadeo a través del uso de revistas costosas, no permita que la falta de fondos actual limite su planificación futura. El dinero necesario llegará a su tiempo. Planifique como si ya lo tuviera. Lo importante es plantar la idea en su mente.

Cree una cuenta de correo electrónico
personal separada de la de su negocio

Con la gran cantidad de mensajes de correo electrónico que recibimos hoy día es imperativo separar nuestra cuenta de negocio de nuestra cuenta personal. Esto hará mucho más eficiente el manejo de ambas. Es fácil desperdiciar tiempo pensando que estamos siendo altamente productivos.

Por lo general, nuestra cuenta personal estará más propensa a recibir una cantidad mayor de mensajes "basura". Por lo tanto, es importante controlar la cantidad de mensajes que recibimos en nuestra cuenta de negocios. De esta manera, seremos más eficientes en el manejo de la misma.

Dése a la tarea de conocer las formas de controlar qué tipo de mensajes llegan a su correo electrónico. La mayoría de los servicios actuales ofrecen una amplia gama de opciones al respecto. El tiempo invertido en conocer las opciones de su servicio en particular le será bien recompensado.

Circunscríbase a la utilización de su cuenta de negocio durante sus horas laborables. Evite verificar su cuenta personal. Algunas personas verifican su correo electrónico más de diez veces al día. Esto es obsesivo. Si usted no acostumbra visitar el correo convencional diez veces al día, no existe razón alguna para hacer lo mismo con su correo electrónico. La meta de la tecnología es aumentar su eficiencia, no reducirla. Permítale ayudarle.

Lleve rótulos y contratos consigo todo el tiempo

El lema de los Niños Escucha sugiere que estemos siempre preparados. Ésta es tal vez una de las mejores cualidades que podemos desarrollar en nuestros niños. También, es una que debemos poseer en nuestra práctica profesional y nuestra vida personal.

Tenga siempre a la mano rótulos y contratos, aunque no salga para una cita de listado. En el momento más inesperado necesitará de ellos. Una vez tuve la experiencia de visitar una propiedad la cual interesaba comprar para inversión y al verla decidí presentar una oferta.

El corredor que me estaba mostrando la propiedad me comentó que no llevaba contratos consigo, por lo que me invitó a su oficina para llenar dicho documento. Como siempre llevo contratos conmigo, utilizamos uno de éstos para escribir la oferta. Le pregunté, entonces, que cómo esperaba vender la propiedad si ni siquiera tenía la expectativa de venderla. Por fortuna, logramos cerrar la transacción y nos mudamos a la propiedad un mes más tarde.

El hecho de estar preparados sugiere una actitud correcta. Ésta nos puede llenar de abundancia. Todas las disciplinas se afectan entre sí. Si estamos preparados en un área, es muy probable que lo estemos y que seamos competentes en otras y viceversa. Comience hoy.

Tenga siempre a la mano herramientas de medida

En nuestra industria, especialmente en el campo comercial, una de las herramientas más utilizadas son los instrumentos de medida. Al igual que los rótulos y las formas de contrato debemos asegurarnos de que todo el tiempo tenemos estas herramientas disponibles y que las mismas sean adecuadas.

Las electrónicas son las mejores especialmente para medir la altura de los techos. Además, debemos tener acceso a los metros de rueda para distancias grandes. Si su práctica lo amerita, adquiera un medidor de los utilizados por los golfistas para determinar la distancia de los hoyos. Éstos son muy efectivos especialmente en terrenos.

Desarrolle la práctica de obtener medidas correctas y precisas en las propiedades que usted tenga para la venta. Una vez tomé un listado de una propiedad de tres niveles y el dueño me indicó que cada uno de éstos medía exactamente 5,000 pies cuadrados para un total de 15,000 pies cuadrados. Parecía ser así.

El edificio aparentaba tener dimensiones iguales; sin embargo, al medir cada nivel descubrimos que cada uno de los pisos tenía medidas diferentes. La diferencia alcanzó los 700 pies cuadrados. Imagínese lo que hubiese ocurrido si una empresa tuviera planos para acomodar sus cubículos en exactamente un espacio de 5,000 pies cuadrados.

Establezca excelentes relaciones personales
con otros profesionales de la industria

La industria de los bienes raíces más que ninguna otra es una donde el éxito depende grandemente de las personas que usted conozca y su relación con ellas. Es su responsabilidad para con usted mismo y para con sus clientes establecer buenas relaciones con otros profesionales de la industria.

Establezca un grupo de apoyo el cual esté compuesto de tasadores, banqueros, inspectores, evaluadores, desarrolladores, abogados y otros colegas. Todos se referirán negocios entre sí. Servirán de apoyo profesional compartiendo información, ideas, recursos, clientes y demás. Esto podría también resultar en una mayor cantidad de negocios para usted.

Una forma de ofrecer valor añadido a sus clientes es precisamente a través de las personas que usted conoce. Su grupo de influencia. Esto hace una gran diferencia entre aquéllos que pueden vender una propiedad de forma acelerada y aquéllos que se mantienen con propiedades sin actividad alguna.

Utilice su grupo de apoyo como parte de la presentación de su listado. Esto es parte de su estrategia de mercadeo. Aquel que posea las mejores conexiones y el mejor apoyo dentro de la industria indudablemente tendrá más éxito. Ofrezca los mejores recursos a sus clientes.

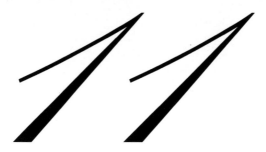

Hágase miembro de varias asociaciones de la industria

La industria de los bienes raíces es una de las más completas con relación a su educación. Sus organizaciones nos proveen una plataforma bien estructurada donde ejercer. Es muy importante que conozcamos la excelente labor que realizan estas organizaciones para nuestro desarrollo profesional.

Evalúe los beneficios que ofrecen las distintas organizaciones antes de determinar cuál es la más apropiada para usted. Existe una asociación para todo tipo de especialidad. Decida cuál desea trabajar y hágase parte de ese grupo.

Existen, también, sub-especialidades las cuales tienen sus propias organizaciones. Por ejemplo, puede enfocar su práctica en ventas de residencias de lujo o en la administración de propiedades comerciales. Unas son más generales que otras, pero con fines diferentes. Su membresía en éstas es de beneficio para sus clientes. La idea es tener todos estos recursos como parte de su arsenal y herramientas de trabajo. Esta afiliación le ofrecerá el peritaje que necesita.

Recuerde que en el negocio de los bienes raíces el producto es usted. Mejore el producto y mejorará su vida. Tenemos control absoluto sobre cuánto nos desarrollamos y cuánto crecemos.

Forme parte de la Junta de Directores

Es tan valioso pertenecer a varias organizaciones de bienes raíces, como ser parte integral de una Junta de Directores. Esto le brindará los siguientes beneficios a su negocio o persona:

> ➤ Usted tendrá la oportunidad de conocer a fondo su organización.
> ➤ Estará en una posición de servir a aquéllos que están comenzando su práctica.

Esta práctica le permitirá interactuar y expandir su relación con las personas de más experiencia en la industria. Son estas personas las que impulsarán su carrera. Sin embargo, es muy frecuente encontrar personas en las Juntas que únicamente buscan el reconocimiento de haber pertenecido a éstas. Recuerde que su motivación genuina debe ser la de servir.

Formar parte de una Junta de Directores le ayudará en su crecimiento profesional. Sin embargo, no es una carrera a seguir. Debe invertir un par de años y permitir a otros que también hagan su aportación.

Durante este período de servir en dichas Juntas, su negocio podría afectarse un poco por la gran cantidad de tiempo y esfuerzo que requiere pertenecer a éstas. Esto es normal y no es de temer, pero sí tiene que estar consciente de que es posible que esto ocurra.

Hágase miembro de alguna asociación de
ventas y mercadeo fuera de su industria

Para tener la oportunidad de expandir nuestros horizontes debemos formar parte de por lo menos una organización de ventas y/o mercadeo fuera de nuestra industria de los bienes raíces. En ésta encontraremos ideas nuevas y estrategias de éxito que complementarán las de nuestra industria.

Ventas y mercadeo son dos de las áreas de peritaje que debemos desarrollar continuamente. Productos y estrategias nuevas entran todo el tiempo al mercado y lo que en un momento fue efectivo no necesariamente lo es hoy día. Por esta razón, debemos mantenernos informados sobre las últimas tendencias del mercado.

Pertenecer a estas asociaciones, además, ofrece acceso directo a muchas herramientas que podemos utilizar y contactos con personas que pudieran convertirse en nuestros clientes.

Una de las razones primordiales para asociarse con otras personas que buscan mejorar sus habilidades es la de tener la oportunidad de trabajar con profesionales. Debemos establecernos como meta desarrollar una lista de clientes que entiendan la naturaleza del negocio de ventas y nos facilite la obtención de más y mejores ventas. Trabajar con este tipo de persona es un placer y facilita el desarrollo de su negocio de forma adecuada.

Llame por teléfono

Nos estamos acostumbrando de forma adictiva a la extrema dependencia de la tecnología. Si usted se encuentra enviando tres o más correos electrónicos con respecto a un mismo tema, es hora de llamar por teléfono. No se deje llevar por el ritmo del correo electrónico.

La tecnología es excelente, por lo que debemos aprovechar los recursos que ésta nos ofrece. Sin embargo, tenga cuidado de no depositar todos sus esfuerzos en ella. El teléfono continuará siendo una forma directa, personal y eficiente de comunicarse con las personas.

Conozco a personas que si no es a través del correo electrónico no se comunican con los demás y es evidente al compartir con ellos que han perdido gran habilidad en el trato con la gente. Muchos de éstos se encuentran en profesiones donde no necesitan interactuar tanto con la gente. No obstante, nuestra industria sí requiere excelentes habilidades en el trato con los demás.

Tome ventaja de los avances tecnológicos, pero a la vez cultive sus habilidades humanas. Nunca olvide que la herramienta más poderosa jamás creada es su mente. Antes de hacer algo piense cuál es la forma más eficiente de hacerlo. Si su meta es obtener resultados de forma rápida y eficiente, determine cuál es la estrategia a utilizar. No permita que la tecnología atrofie sus destrezas humanas.

Desarrolle una base de datos completa

Indiscutiblemente su base de datos es la raíz de toda su operación. Puede poseer todos los demás ingredientes y si su base de datos es pobre, su negocio también lo será. Piense en su base de datos como un niño recién nacido que necesita mucha atención y constante cuidado para poder crecer saludablemente.

Una base de datos, como mínimo, debe incluir la información básica de contacto de sus clientes. Una vez comience a desarrollar la misma incluya paulatinamente más detalles. Establezca la disciplina de obtener información sobre sus clientes constantemente. Actualice su información cada vez que se comunique con sus clientes, utilice de referencia artículos publicados, registre comentarios de otras personas y hasta recopilaciones de la internet.

Debe conocer todo lo que pueda sobre sus clientes y prospectos y documentarlo adecuadamente. Luego, utilice esta información de forma consistente para solidificar su posición con ellos y darle seguimiento.

Actualice oficialmente sus archivos dos veces al año. Esto significa llamar a sus clientes/prospectos y verificar si aún residen y trabajan en el mismo lugar, sus números de teléfono, correo electrónico y hasta si todavía están con la misma pareja. Esta actividad solidificará su posición y relación con sus clientes.

Ejecute una estrategia de mercadeo todos los días

Anteriormente enfatizamos en la revisión diaria de sus actividades de mercadeo. Ahora queremos abundar en el tema de la ejecución de estas estrategias con un enfoque en su implementación todos los días. La clave aquí es *todos los días*. Monitorear sus actividades de mercadeo debe funcionar como una especie de piloto automático que garantice de forma exitosa su ejecución.

Una vez establecido su plan de mercadeo, usted querrá dividir su ejecución en un calendario. Mensualmente usted debe tener un enfoque en específico. Para cada mes usted identificará las semanas y dividirá las mismas de acuerdo a las distintas tareas por el número de días laborables de su compañía.

La forma más práctica es utilizando una pizarra y dividirla en partes iguales representando sus días laborables semanales. En una parte anote la estrategia a utilizar y a su lado escriba el nombre de la persona encargada de ejecutar esta tarea. Si usted trabaja sólo, no es necesario escribir su nombre. Es obvio que usted será el responsable.

No haga de esto un trabajo arduo o muy pronto desistirá de hacerlo y no obtendrá resultado alguno. Conviértalo en una tarea divertida y fácil. Por ejemplo, la tarea de un día puede ser enviar un mensaje de correo electrónico sobre su nuevo listado a su lista de co-broke.

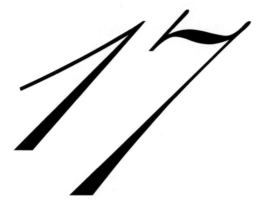

Evite leer lo negativo de la prensa local

La prensa, por su naturaleza, es muy negativa. Esto es porque las malas noticias venden muchos periódicos. Mientras peor sea la noticia mayor cantidad se vende y esto aumenta a su vez la cantidad de anunciantes. El problema con esto es que si usted se descuida, terminará influenciado por todas las noticias que le abruman a diario y es probable que esto afecte su actitud.

Una de las estrategias que utilizan las personas altamente efectivas es evitar leer la prensa local. En realidad, son pocos los artículos publicados que pueden ayudarle. Para mantenernos informados con respecto a nuestra industria existen publicaciones especiales y educativas.

Esto no significa que vivamos en este mundo ajeno a eventos actuales, sino que evitemos el hábito de recurrir a la prensa negativa. Siempre nos vamos a enterar de lo que está ocurriendo por otras fuentes. En la actualidad tenemos diferentes medios de obtener información valiosa para usted y su negocio.

La clave con esta estrategia es cuidar nuestra actitud y no dejar que ésta se afecte por organizaciones con agendas distintas a la suya. Si en realidad necesita alguna información que vaya a aparecer en la prensa local, solicite a alguien que se la recopile. Descubrirá muy pronto que existen muchas fuentes de información disponibles para ayudar al crecimiento de su negocio.

Cree un catálogo de propiedades

Si decide trabajar el campo comercial, tendrá que desarrollar habilidades y destrezas diferentes a las que se aplican en el corretaje residencial. Una de las estrategias que más le ayudará es crear un catálogo de propiedades.

Desde los comienzos del corretaje comercial, la creación de un catálogo de propiedades ha sido la clave del éxito para aquellos corredores que se han tomado el tiempo para desarrollarlo. Particularmente en países donde la información sobre las mismas es escasa, esta estrategia será su arma secreta para alcanzar el éxito. ¿Cuántas veces le han llamado para preguntarle si usted conoce dónde existe un almacén con 10,000 pies cuadrados?

El catálogo debe ser sencillo. Anote en una página la información pertinente a la propiedad con sus características físicas y legales. Incluya una foto de la misma y anote la fecha al lado de la información que puede cambiar. Como, por ejemplo, la zonificación y el número de locales. Tome muchas notas.

Utilice este catálogo todo el tiempo para conocer a fondo el mercado. Añada todas las propiedades que pueda. Llévelo con usted cuando tenga citas de listados para compartirlo con su posible cliente. Guárdelo dentro de un cartapacio y manténgalo actualizado. La información es poder.

Cree un archivo de documentos

Una de nuestras responsabilidades como profesionales de la industria es mantenernos informados al igual que a nuestros clientes y prospectos. Por tal razón, debemos crear un archivo de artículos y materiales de referencia los cuales puedan ayudar y educar a nuestros clientes. Entre estos documentos se identifican los siguientes:

1. Solicitud de préstamo
2. Tablas de pago de hipotecas
3. Documentos para el cierre
4. Información sobre el crédito
5. Lista de inspectores de propiedades
6. Información sobre préstamos FHA
7. Fórmulas para análisis financieros
8. Artículos sobre el estado del mercado
9. Lista de tareas a realizar al mudarse
10. Lista de las escuelas

Este archivo de referencia permitirá que las transacciones de venta sean organizadas y tomen el menor tiempo posible. Recuerde que parte de nuestra responsabilidad es educar continuamente a nuestros clientes.

Debemos siempre educarnos para que de esta manera podamos compartir dicho conocimiento con los demás. No permita que la falta de información adecuada le cueste una venta. Usted nunca se enterará que ésa fue la razón.

Publique un boletín informativo

Los más cotizados y altamente eficientes empresarios están de acuerdo en que un boletín informativo es la herramienta de mercadeo más poderosa que existe. Las personas que deciden implementar esta estrategia descubren lo mismo.

Los boletines tienen que ser publicados una vez al mes. Numerosos estudios revelan que publicaciones de menor frecuencia no tienen impacto alguno. Así que si no puede publicar su boletín mensualmente, espere al momento en que sí pueda implementar esta estrategia. Las personas relacionan la frecuencia mensual con publicaciones profesionales. Su boletín tiene que ser percibido bajo esta misma categoría de publicaciones populares.

Lo próximo es el contenido del mismo. El 75% debe ser información educativa para el lector. El 25% restante debe comprender mensajes de inspiración, mercadeo de sus servicios e información de contacto que suavicen la lectura. Nunca incluya recetas de cocina, chistes o caricaturas que no tienen relación alguna con su industria.

Los boletines mensuales se conocen, también, como los vendedores silenciosos. Éstos trabajan para usted día y noche. Hoy día es muy económico enviar miles de copias de su boletín electrónicamente. Envíe copias de papel a sus clientes activos.

Establezca sus metas de listado,
ventas y ganancia neta por escrito

Sus metas deben estar siempre por escrito y deben revisarse regularmente. Manténgalas accesibles todo el tiempo y actualícelas de ser necesario. Primero, debe identificar cuál es su meta con relación a la toma de listados. Ésta debe incluir la cantidad de listados, su valor de mercado promedio y un porcentaje promedio de comisión pactada.

Segundo, establezca sus metas de ventas. Éstas deben incluir la cantidad de transacciones a realizar y la comisión promedio a ganarse por cada una de las transacciones completadas. Utilice su producción actual para establecer éstas de forma conservadora.

Establecer un sistema como el que estamos explicando le ayudará a pronosticar sus ingresos futuros. Eventualmente le ayudará a planificar adecuadamente para los períodos de menor actividad.

Es importante que usted le de seguimiento a sus metas con regularidad. Tiene que llegar a un punto en el cual conociendo el comportamiento del mercado puede pronosticar sus resultados. Revise y mejore sus metas. Identifique formas de trabajar que debe modificar para lograr obtener sus metas de forma consistente. Si evalúa sus resultados correctamente, podrá establecer nuevas metas que sean realistas y fáciles de alcanzar.

No realice tareas que conlleven pagar
menos de lo que usted se gana por hora

Esta estrategia es una de las más efectivas en la administración del tiempo. Por ejemplo, si usted puede pagar 15 dólares para que le laven su automóvil y usted se gana 20 dólares por hora, no debe realizar esta tarea ya que en teoría estaría perdiendo cinco dólares.

Considere este otro ejemplo. Si alguien le cotiza 350 dólares por pintar el interior de su oficina y usted la puede pintar en menos de tres horas, entonces sí debería hacerlo considerando que tiene el tiempo y destreza para completar dicha tarea.

Determine primero cuánto es su ingreso promedio anual. Una vez determine esto, divida esa cantidad entre 52 semanas y luego por el término de días que usted trabaja. Finalmente, divida el resultado anterior por el promedio de horas trabajadas por día y eso le dará su tarifa por hora. Por ejemplo: *si usted se gana $100,000 anuales dividido por 52 semanas = $1,923 semanales, dividido por 5 días = $385 por día y dividido por 8 horas = $48 por hora.*

Con este ejercicio conocerá su tarifa por hora. Por lo tanto, no realice tareas que colleven pagar menos de lo que usted se gana por hora. De esta forma estará maximizando la utilización de su tiempo. Esta técnica establece que usted estará utilizando este tiempo para trabajar en su negocio en vez de realizar la tarea por la cual puede pagar.

Conozca cuándo no trabajar más con un cliente

En nuestro trabajo diario es fácil pensar que tenemos que trabajar con todos los posibles clientes. Muchas veces, clientes y en otras ocasiones prospectos, nos hacen perder mucho tiempo sin tener el genuino deseo de lograr completar una transacción con nosotros.

Por eso, tenemos que desarrollar la sabiduría de poder determinar cuándo esto está ocurriendo y tener el tacto de "despedir" a nuestro cliente. Al igual que un empleado que no esté produciendo lo esperado, los clientes tienen que ser evaluados con similar propósito y prescindir de ellos si es necesario. Éstos le cuestan tiempo y dinero a usted.

Recuerde el valor de su tiempo calculado por la estrategia anterior y determine si su inversión en tiempo y dinero le brindan el rendimiento esperado. Tiene que existir un compromiso en común entre usted y su cliente. Si esto no está ocurriendo, invierta su tiempo en otro lado donde pueda obtener este rendimiento.

Una de las formas más abusivas de los clientes es utilizarlo a usted para obtener información que de otra manera no podrían acceder. Si usted descubre que ésta es su situación, establezca una tarifa por servicios prestados después de un tiempo razonable en que una transacción se pudo haber dado. Usted es un profesional y si su cliente desea utilizarlo como consultor, debe pagarle por eso.

Aprenda a identificar cuando su
cliente vive en "La Isla de la Fantasía"

Hace un tiempo atrás estuve con un cliente que deseaba que le ayudara a arrendar dos almacenes de su pertenencia. El cliente estaba pidiendo $10 por pie cuadrado en ambas propiedades. Ambas tenían 40,000 pies cuadrados.

Dos días más tarde, me solicitó que le buscara un almacén para arrendar en un área donde él no tenía propiedades; pero, sí tenía negocios. Me indicó que sólo interesaba pagar $4 por pie cuadrado. Prosiguió con una explicación casi lógica de por qué debía pagar esta cantidad.

Sin embargo, el almacén que estaba buscando alquilar era exactamente igual al que interesaba que le ayudara a arrendar. Éstos eran de su pertenencia. Este cliente vive en "La Isla de la Fantasía" donde lo mío tiene mayor valor y lo de los demás, menor valor. Aunque sean cosas iguales. Desafortunadamente muchos clientes potenciales piensan igual y es nuestro deber educarlos.

El valor por pie cuadrado de los tres almacenes, los dos de su propiedad y el que interesaba arrendar para uso de su negocio era de aproximadamente $7 el pie cuadrado. Llevarlo a rebajar su precio hasta $7 y a aumentar la cantidad que pagaría hasta $7 requirió mucho esfuerzo y educación con respecto al mercado. Posteriormente las tres transacciones se efectuaron exitosamente. Una vez su cliente entiende que usted conoce el mercado y que sólo desea ayudarle, conseguirá lograr más ventas.

No prometa lo que no pueda cumplir

Integridad es hacer lo que usted dijo que iba a hacer. Cuando se compromete con alguien es importante que cumpla su palabra. Aunque parezca sencillo, resulta difícil llevarlo a cabo. Si alguien le llama y le pide información y usted le dice que le llamará de vuelta en cinco minutos, usted necesita devolver la llamada en el tiempo acordado.

Si usted piensa que pudiera pasar una hora antes de enviar la información, entonces comuníqueselo a la persona que le llamó. Cinco minutos son cinco minutos, una hora es una hora. El tiempo es un recurso muy valioso que no se puede perder. Lamentablemente esta situación ocurre con demasiada frecuencia.

La mayoría de las personas utilizan palabras sin pensar en su repercusión. Evite ser víctima de usted mismo. Desarrolle el hábito de pensar antes de hablar y realice responsablemente aquellas tareas con las cuales se haya comprometido asegurándose de llevarlas a cabo dentro del tiempo acordado.

Ser íntegro le brindará resultados positivos en los negocios. Con tanta gente hablando sin pensar, usted se posicionará como una persona especial y de confiar. Ésta es la meta más noble. Es la acción correcta a tomar y aumentará el volumen de su negocio.

Cree un plan de negocios y un
plan de mercadeo por escrito

El plan de negocio debe detallar todos los aspectos de su operación. Éste debe comprender desde las formas a utilizar hasta las políticas con respecto al servicio al cliente. De igual manera, debe describir el seguimiento a ofrecer a los clientes y prospectos de acuerdo al tipo de actividad.

Por ejemplo, qué tipo de seguimiento aplica después de tomar un listado, al recibir una llamada telefónica, con una oferta de compraventa, al completarse el cierre de una transacción y cuando nuestro cliente se mude a la propiedad. En fin, por el resto de la vida del cliente.

El plan de mercadeo debe incluir con minucioso detalle qué tipo de actividad de mercadotecnia se efectuará, los medios a utilizar y un sólido sistema de medición de resultados. Debe también desglosar en el plan un calendario con fechas de ejecución que sean relevantes al medio de comunicación utilizado.

Clasifique su mercadeo de acuerdo a sus clientes. Éstos deben ser divididos en tres categorías según su potencial para generarle ingresos. Los llamaremos A, B y C. Los clientes A son los que tienen el potencial de culminar una transacción en el menor tiempo posible, con los B lograremos una venta a mediano plazo y los clientes C son aquéllos con los que si logramos una venta, será en un futuro lejano.

En el campo comercial mantenga un
archivo de los costos del mercado

En el corretaje comercial la calidad de la información que usted posea determinará en gran medida su éxito. Es por esto que el esfuerzo de obtener y organizar información del mercado debe ser una prioridad para usted. Debe mantener esta información accesible.

Mantenga un archivo informativo con respecto a los costos por pie cuadrado de construcción, costos por pie cuadrado para alquiler y costos por metro cuadrado de los terrenos. Incluso, sobre los costos por pie cuadrado por concepto de áreas comunes (CAM).

Por ejemplo, si está recopilando información sobre propiedades industriales, diferentes tipos de terminaciones conllevan distintos tipos de tarifas por pie cuadrado. No es lo mismo un *mezzanine* construido con tablas que otro con un soporte de acero y concreto.

En costos de alquiler tome en cuenta qué tipo de amenidades o utilidades están incluidos en el precio. Puede que el costo por pie cuadrado en una propiedad incluya el consumo de agua potable mientras que en otra también incluya los costos de mantenimiento. Asegúrese de realizar los ajustes necesarios para que las comparaciones sean equitativas. Los bienes raíces son un mercado heterogéneo y debemos esforzarnos por realizar ajustes que resulten en una nivelación adecuada.

Conozca el índice de empleomanía del mercado

El índice de emplomanía del mercado determina qué tipo de compañías entran al mismo. Parte de los sistemas de operaciones de las grandes empresas incluye realizar un estudio detallado de los mercados donde están considerando entrar.

Una parte esencial de estos estudios es el índice de empleomanía. Éste determina la viabilidad de crecimiento continuo y sólido por un período razonable de años. El índice de empleomanía, igualmente, es un indicador de la velocidad del crecimiento económico del mercado que usted ha escogido trabajar.

De igual manera, dése a la tarea de conocer cuáles son los patronos de mayor tamaño y crecimiento en su mercado. Preste atención al tipo de industria y el tipo de operaciones que se establecen en su mercado. Por ejemplo, si una compañía de computadoras entra al mercado, identifique si su presencia es para la manufactura o para centros de servicio al cliente. La respuesta a esta pregunta le revelará mucho sobre el tipo de desarrollo en esa área.

Hágase miembro de organizaciones de economía y suscríbase a sus publicaciones para mantenerse informado. La gran mayoría de las organizaciones ofrecen suscripciones electrónicas a través de la internet sin costo alguno. Éstas también ofrecen reportes especiales.

Adquiera una calculadora financiera

La utilización de una calculadora financiera facilitará enormemente su trabajo. Con oprimir un par de teclas usted podrá determinar el pago correspondiente a cualquier préstamo, los intereses a pagar y el costo total del mismo. También, puede calcular de forma rápida el rendimiento en la inversión de su cliente.

Muchas veces las transacciones de bienes raíces se tardan en cerrar debido a que nuestros clientes necesitan visitar al prestatario para obtener la cantidad exacta de pagos y otros gastos relacionados. Usted mismo puede realizar estos cálculos con su cliente sin mucho esfuerzo.

Sin embargo, es preponderante que tome el tiempo para aprender a utilizar su calculadora. Aunque estamos acostumbrados a utilizar solamente los modelos básicos, no es difícil aprender a usar versiones financieras.

Uno de los modelos más económicos y sencillos al momento de este escrito es el de la compañía Hewlett Packard HP10BII. Esta calculadora se ha convertido en un pilar del corretaje comercial y la ventaja es su rapidez al momento de realizar cálculos y su bajo costo en comparación con otros modelos. Poder calcular complejos análisis financieros en sólo segundos le ofrecerá la oportunidad de demostrar su profesionalismo. Le economizará tiempo y le generará dinero.

Hágase miembro de un grupo de "Mente Maestra"

Napoleón Hill popularizó el concepto de "Mente Maestra" en su libro "Piense y Hágase Rico". Después de más de 20 años recopilando información y estrategias directamente de las personas más exitosas de su época, Napoleón Hill creó lo que hoy se conoce como la industria del *Crecimiento y Desarrollo Personal*.

El concepto de "Mente Maestra" se define como la reunión de dos o más personas en perfecta armonía con un fin en común y sin agendas personales. La idea es que todo participante de este grupo tenga un genuino interés en el avance personal, financiero, profesional y espiritual de los miembros. Por lo tanto, no existen egoísmos. Todos entienden que el bienestar de uno de los miembros es el bienestar de los demás.

Busque un grupo de "Mente Maestra" y hágase miembro. Si no encuentra alguno, cree el suyo propio. Los grupos "Mente Maestra" de más éxito contienen no más de seis miembros y se reúnen por lo menos una vez al mes.

El concepto de "Juntas de Directores" es una aplicación de la "Mente Maestra". Esté preparado para aportar sus ideas, contactos y conocimientos con el resto del grupo. El resultado será una confraternización positiva y llena de muchos beneficios para su negocio.

Ahorre un mínimo de 10% de sus ingresos brutos

George S. Clason en su libro "El Hombre más Rico de Babilonia" nos detalla la historia de Bansir quien quería conocer el secreto de la riqueza de Arkad, el hombre más rico de Babilonia. Uno de sus secretos era ahorrar de forma disciplinada 10% de sus ingresos brutos.

El hábito de ahorrar por lo menos el 10% de los ingresos brutos es una de las estrategias más efectivas utilizadas por personas que han logrado alcanzar un alto nivel de solvencia económica.

Esta cantidad de sus ingresos se utilizará únicamente para ahorros e inversiones de bajo riesgo donde el principal está garantizado. Nunca puede utilizarse para emergencias financieras. La idea es imaginar que este dinero no existe y que no lo tiene disponible bajo circunstancia alguna. Sólo así logrará su meta de obtener independencia financiera.

Mientras más temprano en la vida comience a utilizar esta estrategia, mayores beneficios obtendrá. Nunca es demasiado tarde para comenzar. Sin embargo, si comienza un poco tarde en su vida a utilizar esta estrategia aumente el porcentaje aportado. La clave es que este dinero nunca lo tocará sin importar cuáles sean las condiciones. Utilizará solamente los intereses generados por el mismo y con estas ganancias vivirá o las reinvertirá.

Asegúrese de que sus tarjetas de presentación
no sean de las de bordes perforados

Su tarjeta de presentación es una de las herramientas de trabajo que más utilidad tiene. Es también uno de los primeros puntos de contacto entre usted y sus prospectos. Sirve como colateral de la primera impresión que las personas reciben de usted cuando está socializando.

Su tarjeta de presentación debe ser siempre impresa profesionalmente. Tarjetas con bordes perforados impiden que usted proyecte una imagen profesional. No existe razón alguna para no poseer tarjetas excelentes.

Hoy día existen muchas compañías de la internet que ofrecen tarjetas de alta calidad sin costo alguno. La razón por la cual estas compañías ofrecen estos servicios gratuitos es como parte de su mercadeo para presentarle otros productos relacionados. Sin embargo, usted no está en la obligación de comprarlos. Esto es en realidad una gran oportunidad para personas comenzando sus negocios y con fondos limitados.

Otro aspecto a considerar es cómo crear sus tarjetas de presentación de la forma más simple posible. Evite el uso de muchos logos e imágenes que carguen visualmente su tarjeta. Utilice un máximo de dos números telefónicos en los cuales siempre se le pueda contactar o dejar mensaje de voz. Recuerde, además, incluir su número de facsímil al igual que su correo electrónico.

Tome un curso de oratoria en público

La habilidad de hablar en público eficientemente cambiará su vida de una manera impresionante. Ésta es una de las disciplinas más importantes para conquistar y una vez dominada le ofrecerá posibilidades ilimitadas. Las personas que aprenden a hablar en público automáticamente mejoran su autoimagen.

En nuestra industria de los bienes raíces al igual que muchas otras la necesidad de hablar en público es frecuente. Su habilidad determinará el grado de exposición que usted podrá obtener. Esto a su vez afectará directamente la calidad del servicio para con su cliente.

Una de las enseñanzas más valiosas en el aprendizaje de oratoria en público es el desarrollo de nuestra habilidad para escuchar. Sorprendentemente gran parte de hablar efectivamente es escuchar y hacer esto detenidamente y con atención. Así podrá tener una comunicación más profunda y significativa con sus clientes y colegas.

La habilidad de hablar en público le ofrecerá, de igual manera, una gran ventaja al momento de negociar con sus clientes cara a cara. Las técnicas de persuación de público aplican por igual a nuestras interacciones personales tales como tomar listados y vender. Al momento de usted negociar la venta o compra de la propiedad de su cliente, sus habilidades de oratoria en público harán una gran diferencia.

34

Identifique un mentor

La forma más rápida y efectiva de aumentar sus conocimientos, productividad e ingresos es a través de su interacción con un mentor. En este tipo de relación se deben establecer por escrito los objetivos y revisar su progreso regularmente.

Identifique un mentor con productividad comprobada en su campo profesional. Las personas genuinamente exitosas siempre estarán a su disposición para ayudarle. Esto es porque tienen una autoestima alta y conocen lo necesario para lograr el éxito.

Existen personas que quieren ayudarle en su carrera sin éstos temer que otros acaparen negocios que ellos podrían tomar. La persona exitosa conoce que el mercado es enorme y no hay forma de que algún día se reduzca su negocio si hace lo correcto todo el tiempo.

Su mentor debe tener amplios conocimientos en la industria, pero sobre todo debe tener una actitud mental positiva. Evite asociarse con personas negativas por más experiencia que tengan. El mentor siempre tiene la visión de su superación en mente. Personas negativas no pueden lograr esto. Un buen mentor impactará su vida para bien. La mejor forma de mirar al futuro es desde los hombros de gigantes. Identifique a los gigantes de su industria y procure obtener su asesoría y buenos consejos.

Incursione en el campo comercial

Las fortunas más grandes en bienes raíces se han creado en el área comercial. El corretaje en el campo comercial al igual que las inversiones en propiedades comerciales han comprobado que son un camino seguro hacia la independencia financiera y perpetuación de la fortuna de individuos y grandes empresas por igual.

Existen dos razones para esto. Primero, el corretaje comercial ofrece la mayor oportunidad para generar altos ingresos sin mucho más esfuerzo que lo que requiere vender residencias. Estas ventas, ciertamente, toman más tiempo en materializarse.

Segundo, como inversionistas, el campo comercial nos ofrece el camino más fácil de acceder grandes cantidades de activos (propiedades). Esto se fundamenta en la posibilidad de comprar propiedades sin tener 100% del precio de venta. No es posible obtener un préstamo bancario para comprar acciones de la bolsa de valores o fondos mutuos; pero, sí podemos comprar propiedad inmueble de esta manera y aumentar así el rendimiento en nuestra inversión.

La combinación perfecta, entonces, ocurre cuando a través de nuestro conocimiento del mercado comercial encontramos oportunidades de inversión. Ejerciendo como corredores estamos expuestos a una gama de inversiones que nos ofrecen grandes beneficios.

Aprenda a añadir valor a las propiedades comerciales

La habilidad de añadir valor a las propiedades comerciales le ayudará a generar altos ingresos. Pocos corredores de bienes raíces se dan a la tarea de llegar a dominar el campo comercial hasta el punto donde puedan determinar con rapidez qué condiciones pueden inmediatamente aumentar el valor de una propiedad.

Desarrolle esta habilidad y será diferente. Podrá ofrecer, de esta manera, una gran ventaja competitiva a sus clientes en cada transacción de compraventa. Éste es un tipo de peritaje que pocas personas poseen. Además, requiere cierto grado de especialización. Se convertirá, eventualmente, en un experto en su campo.

Es significativo que usted conozca a fondo la mecánica de la estructura de un estado financiero de propiedad y cómo efectuar cambios que incrementen considerablemente el valor de la misma. Existen muchas formas de estructurar las operaciones para lograr un aumento inmediato en el valor de la propiedad y mayores ganancias para el dueño.

Su responsabilidad como corredor es ayudar al dueño - vendedor a lograr una operación que le brinde el mayor precio posible al momento de vender. Idealmente sus servicios deben resultar en una venta más lucrativa para su cliente aun después de éste haberle pagado su comisión.

Entregue solamente una tarjeta de presentación

Algunas personas tienen la costumbre de entregar más de una tarjeta de presentación cuando conocen a una persona. Su lógica es que si entregan más de una tarjeta, la persona que las recibe las va a compartir con otras personas en su círculo de amistades y familiares.

Ésta es una creencia errónea. Para comenzar, la gran mayoría de las personas desecharán estas tarjetas adicionales. Desperdiciará así su dinero. Por lo tanto, sea razonable y práctico entregando una sola tarjeta.

Más importante aún, es el hecho de que numerosos estudios han identificado que distribuir más de una tarjeta de presentación, comunica a la persona que las recibe el mensaje de que ellos no son tan importantes ni especiales. Esta comunicación no verbal es inefectiva.

Estoy seguro de que éste no es el mensaje que usted quiere transmitir a sus clientes y prospectos, pero eso es precisamente lo que está logrando. Antes de hacer cualquier tipo de cosa simplemente porque hemos visto a otros hacerlas, debemos pensar cuáles son sus repercusiones. He conocido personas que crean sus tarjetas de presentación con forros timbrados en dorado. La tarjeta se inserta en el forro y esto sí causa una muy buena impresión. Recuerde, una tarjeta por persona siempre tendrá más impacto que varias a la vez.

Tenga su propia página web

Aun si usted trabaja para una compañía, debe tener su propia página web. El negocio de los bienes raíces es uno de relaciones personales y es imperativo que usted cree una página web que comunique su personalidad. Si trabaja para otra compañía simplemente enlace las dos páginas web si la compañía se lo permite.

Las páginas web representan la primera impresión para aquellas personas que aún no le han conocido. Ofrecen a su vez una gran oportunidad para presentarse como profesional en la privacidad y conveniencia de su cliente potencial. Ésta es su oficina virtual.

Es recomendable personalizar su página web con un "*blog*" donde los visitantes virtuales puedan compartir ideas e información. Los "*blogs*" se han convertido en una herramienta muy útil en nuestra industria.

Por otra parte, incluya en su página web una sección de fotos tanto de usted como de su equipo de trabajo. Preséntelos en situaciones formales de negocio al igual que actividades sociales, tales como participando en seminarios o disfrutando de un viaje de vacaciones. La idea es humanizar su página web. Evite que ésta luzca muy seca y seria. Personalice y humanice la misma añadiendo continuidad a su mensaje de mercadeo. Una página web bien diseñada es una excelente herramienta de trabajo para usted.

Colabore con una publicación local

La práctica de los bienes raíces conlleva el constante monitoreo de los cambios en las leyes y reglamentos que rigen nuestra profesión. Asimismo, requiere el aprendizaje de técnicas modernas y nuevas estrategias de financiamiento. Esto nos capacita para un sinnúmero de situaciones que se nos puedan presentar a diario.

Una forma de aportar a nuestra comunidad es escribiendo artículos sobre nuestra industria en publicaciones locales. Dichos artículos ofrecen valor añadido tanto a usted como a su comunidad la cual incluye sus prospectos. Ésta es una de las formas de lograr adquirir una posición de peritaje y lo ayudará a expandir su negocio.

En realidad contribuir a publicaciones locales es una situación de doble ganancia. Usted obtiene popularidad en su industria y la publicación local se beneficia de su vasto conocimiento en la industria. Sería muy costoso para una publicación obtener artículos especializados regularmente. De igual manera, sería muy oneroso para usted lograr obtener la exposición que esta aportación le ofrece.

Decida cuál será su especialización y conviértase en la fuente principal y el experto en la misma. Al ofrecer sus servicios de información, usted logrará posicionarse de forma positiva en su comunidad la cual a su vez se mantendrá actualizada con los cambios más recientes.

Aprenda a crear un resumen ejecutivo

La creación de un resumen ejecutivo es la máxima expresión de peritaje en nuestra industria. La mayoría de los corredores crean hojas sueltas o folletos de las propiedades. Usted creará un resumen ejecutivo con toda la información pertinente. Esto le ayudará a obtener un cierre más rápido que su competencia.

La idea del resumen ejecutivo es proveer al posible comprador toda la información necesaria para que solamente tenga que tomar una decisión: comprar o no comprar. En el corretaje comercial muchas veces el cliente comprador es extranjero. Un resumen ejecutivo informará a éste no sólo de la propiedad sino del área donde se encuentra ubicada la misma.

Incluya la información necesaria para completar el proceso de "*due diligence*" como parte de su resumen ejecutivo. Provea toda la información que le requerirá el banco al cliente y una lista de por lo menos nueve alternativas de pagos de préstamo basado en diferentes cantidades de aportación al igual que varios tipos de tasas de interés.

Convierta su resumen ejecutivo en formato *PDF* para enviarlo electrónicamente. Grabe este archivo en un disco compacto para la distribución a personas interesadas en la propiedad y ofrezca el resumen ejecutivo de dos maneras: como presentación impresa y electrónicamente.

Ejercítese regularmente

Ejercitarse le añade horas de productividad a su día y días a su vida. Por cada minuto que usted se ejercite obtendrá una cantidad mucho mayor de productividad y rendimiento. Le proveerá, además, la energía necesaria para poder lidiar con las demandas de su profesión.

Practicar cualquier rutina de ejercicios es incluso la mejor forma de mantener su actitud mental de forma saludable. Al ejercitarse su cuerpo produce endorfinas y éstas a su vez crean en usted una sensación de bienestar causando un estado de ánimo positivo. Esto se refleja en su actitud.

Una gran estrategia utilizada por las personas altamente eficientes es planificar sus negocios mentalmente mientras se ejercitan. De esta manera, ellos tienen la oportunidad de reflexionar a solas sobre las diferentes opciones disponibles para resolver cualquier situación por la que estén pasando en el momento.

Cuando necesite inspiración o iluminación con respecto a cómo actuar o proceder en cierta situación difícil, plantéela a su mente y luego ejercítese. La mayoría de las veces obtendrá la respuesta que busca antes de terminar su rutina de ejercicios. Lleve una libreta pequeña para tomar notas mientras se ejercita y escriba las ideas que llegán a su mente. Haga lo mismo a la hora de dormir. Mantenga siempre la libreta cerca de usted.

Lea el libro "Piense y Hágase Rico"

Napoleón Hill trabajaba como reportero cuando le asignaron entrevistar a Andrew Carnegie, en aquel entonces el hombre más rico del mundo. El señor Carnegie persuadió a Napoleón Hill a dedicar más de dos décadas de su vida a estudiar a las 500 personas más exitosas de aquella época. Éste tomó el reto con gran entusiasmo.

El resultado de este estudio fue la creación del libro *"La Ley del Éxito"*. Publicado originalmente en 1928, el mismo constaba con ocho volúmenes, luego reducido y finalmente condensado en un libro de más de mil páginas. Hoy día existe una edición de cuatro volúmenes.

Al finalizar la Gran Depresión americana de los años 30, se actualizó con un nuevo título: *Piense y Hágase Rico*. Ha sido esta obra, publicada en 1937, a la cual la gran mayoría de los millonarios en los Estados Unidos y en muchas otras partes del mundo han atribuido su éxito. El libro presenta de forma sencilla los principios del éxito según utilizados por personajes muy conocidos de la historia. Versiones recientes utilizan ejemplos modernos para ilustrar los mismos principios.

Éste es el libro más sobresaliente en el campo del desarrollo personal. La mayoría de los trabajos posteriores utilizan como base los principios aquí expuestos. Debe leerlo anualmente y estudiarlo regularmente. Sus ideas son siempre frescas, prácticas y comprobadas. Deléitese con su lectura e inspírese a la acción.

Desarrolle formas para todo tipo
de situaciones en su negocio

Las formas representan una manera de automatizar y sistematizar su negocio. La creación y subsecuente utilización de formas facilita su productividad. Establezca formas para la mayor cantidad de situaciones posibles.

En adición a esto las formas facilitan darle seguimiento a las distintas actividades de su empresa al igual que simplifican la organización y el sistema de archivos. En un mundo que es cada vez más complejo el uso de buenas formas le ofrecerá una gran ventaja sobre sus competidores y facilitará la operación de su negocio.

Para comenzar, categorice su negocio e identifique aquellas formas que ya utiliza. Revise las mismas para corroborar que son altamente eficientes. Si no lo son, corríjalas o cree otras completamente nuevas. Las formas tienen que trabajar para usted, por lo tanto manténgalas lo más sencillas posible.

Evalúe su negocio y determine en qué áreas debe crear formas y cuáles pudiera incorporar con otras ya existentes para mayor productividad. La utilización de formas crea de forma sinergética una aceleración en la productividad de su negocio. Nunca subestime el poder de esta estrategia. Son los sistemas los que diferencian las distintas operaciones de negocios. Estudie sus sistemas y mejórelos constantemente.

Sea puntual

La puntualidad y la integridad van siempre de la mano. No se puede tener una sin la otra. Ser puntual refleja el grado de respeto que usted tiene para con los demás. Aún más importante es que refleja el nivel de respeto que usted tiene para con usted mismo.

Ninguna otra cualidad personal le brindará mayor éxito. Ser puntual no es simplemente llegar a tiempo a una cita. Es un indicador del tipo de crecimiento personal que usted ha obtenido.

Decida hoy mismo que de ahora en adelante usted será una persona puntual porque usted mismo se lo merece. Descubrirá muy rápido que las personas que no poseen algún tipo de respeto por el tiempo y la puntualidad comenzarán a desaparecer de su vida y nuevas personas que sí le respetan aparecerán en su camino. Se sorprenderá de cuán rápido esto sucede.

Comenzará a realizar negocios con el tipo de personas que invitaría a su hogar y con quiénes quisiera establecer relaciones más personales y enriquecedoras. Llegará a un nivel más elevado donde hacer negocios es muy placentero. Todos queremos hacer negocios con personas que posean un carácter digno de admirar. Usted tiene que ganarse la oportunidad para hacer esto. Comience por ser puntual en todas sus citas y verá grandes resultados.

Utilice un sistema de administración del tiempo

Aquéllos que aprenden a administrar su tiempo eficientemente logran alcanzar niveles de éxito muy superiores a sus competidores. Todo lo que realizan lo hacen con menor esfuerzo y de forma más ordenada.

Es necesario establecer un sistema de administración de tiempo. Existen muchos tipos de sistemas en el mercado para la venta. Casi todos están basados en calendarios. Escoja un sistema que encuentre fácil de usar y que sea afín con su personalidad. Es importante que sea un sistema cómodo ya que lo utilizará a diario.

El sistema que escoja debe proveer para el establecimiento de citas a largo plazo de manera simple y eficiente. De igual modo, debe proveer para la fácil categorización de sus distintas actividades. Su sistema debe ofrecer una lista de cosas a realizar. La misma debe estar interconectada con su agenda. La creación de listas es una de las herramientas más poderosas para estos efectos.

Su sistema puede ser en papel o en forma electrónica. Lo importante es que se ajuste a su estilo de vida. Si escoje un sistema electrónico, asegúrese de guardar la información regularmente para evitar perderla. Los sistemas de administración del tiempo son muy útiles, pero controle el sistema. Evite ser un esclavo del mismo. La función de éste es servirle a usted y mejorar su negocio.

Comparta información con sus colegas

Compartir información con sus colegas es parte integral del éxito de ambos. Especialmente en mercados donde la información es escasa, necesitamos hacer un esfuerzo mayor para lograr tener información actualizada con respecto al comportamiento del mercado y la disponibilidad de propiedades.

Establezca relaciones y asociaciones con otras personas de la industria donde todos se beneficien del intercambio de información. Una característica de la información es que ésta es valiosa cuando la misma está completa. Muchas veces, algunas personas no desean compartir la información que tienen. Éstas no pueden utilizar la misma a capacidad porque carecen de otro tipo de información complementaria.

Desarrolle el hábito de recopilar información y de ofrecerla abiertamente a todas las personas que la necesiten. No piense que al compartir información está siendo vulnerable. Nada más lejos de la verdad. Sólo aquéllos con un desarrollo personal limitado piensan de esta manera. Evite ser el tipo de persona que guarda toda la información por miedo a perder negocios. En realidad, lo contrario ocurre.

Compartir información con todos sus colegas es otra estrategia que lo posicionará entre las personas de confianza con quien todos querrán trabajar.

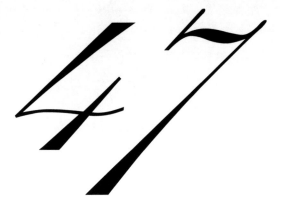

Establezca contacto cara a cara

Hoy día con los avances tecnológicos es fácil perder la perspectiva y olvidarnos de las reglas básicas del trato con la gente. Sin importar cuán tecnológicamente sus clientes quieran comunicarse, debe establecer una rutina de contacto cara a cara con ellos.

Nada es tan efectivo como el calor humano para establecer relaciones duraderas basadas en apreciación y respeto entre dos personas. Esta estrategia es muy efectiva y a la vez contribuirá a su calidad de vida.

Muchas situaciones que pudieran tomar días, semanas y en ocasiones meses para resolver, pueden manejarse inmediatamente con una visita cara a cara con las partes involucradas. Este tipo de reunión elimina una gran cantidad de niveles de distanciamiento creados por otros medios y facilita la obtención de resultados.

Utilice esta estrategia e incorpórela a su sistema de administración del tiempo para que sea más efectiva. Separe de antemano cuáles serán los períodos asignados a reuniones cara a cara y asegúrese de realizarlas con la mayor cantidad posible de clientes durante el año. Ésta es una de las características de aquellas personas que logran la mayor cantidad de ventas reteniendo al mismo tiempo a sus clientes y desarrollando un negocio que se nutre y crece a través de referidos.

Mantenga su vehículo siempre limpio

En el negocio de los bienes raíces el vehículo es literalmente una extensión de nuestras oficinas. Debemos, entonces, mantenerlo siempre limpio y organizado. Esto proyecta la imagen profesional asociada con nuestros servicios.

Tome en cuenta que mientras más activo esté usted en el mercado más materiales tendrá que tener en su vehículo. Lave su vehículo por lo menos una vez a la semana y revise los materiales que utiliza con frecuencia. Confirme que todos están disponibles y remueva aquéllos que sean obsoletos.

No es necesario que adquiera un vehículo de lujo ni uno completamente nuevo. Lo que es importante es que esté en buenas condiciones mecánicas y su interior sumamente organizado. Inspeccione visualmente su vehículo desde afuera y pregúntese: ¿qué tipo de persona conduce un vehículo como éste? Sea lo más objetivo posible.

Su vehículo es un rótulo sobre ruedas anunciando su negocio. Asegúrese de que la imagen que proyecta a través de éste es la adecuada para su tipo de operación. Recuerde que esto es parte de su plan de mercadeo, aunque usted no lo haya visualizado de esta manera. Manténgalo limpio y cuídelo. Si éste necesita reparaciones mecánicas o de carrocería, proceda a corregirlas de inmediato. Cuando las cosas no se arreglan demuestran nuestra dejadez e indiferencia.

Nunca permita que le traigan la
cuenta de un restaurante a la mesa

En aquellos momentos en que tenga que invitar a clientes a un restaurante, no permita que le traigan la cuenta a la mesa. Ésta es una estrategia que brinda excelentes resultados y es una de las más utilizadas por las personas altamente efectivas.

Haga arreglos previos con el restaurante para que le cobren directamente a su tarjeta sin presentar la cuenta o establezca una cuenta con el restaurante. Esto supone que el restaurante es uno de confianza para usted. Debe siempre visitar uno de sus restaurantes previamente escogidos para este tipo de actividad.

Los dueños y la gerencia de ciertos restaurantes están acostumbrados a este tipo de arreglo. Planifíquelo todo de antemano y una vez en el restaurante concéntrese en el negocio que lo llevó allí. Su cliente se merece toda su atención. La meta es conseguir el negocio deseado.

Ésta es la forma correcta de conducir negocios a la vez que lo libera de tensiones sobre posibles argumentos con respecto al pago de la comida. Muchas veces el cliente querrá pagar. Si es usted quien invitó y es una comida de negocios, le toca a usted pagar. Hágalo de forma elegante. Elimine esa distracción y enfóquese en lograr su objetivo de negocio. Asegúrese, también, de ofrecer con anticipación una buena propina. Esto le ayudará a recibir un servicio excelente.

Si no puede tomar la llamada,
no conteste el teléfono

Parece obvio mencionar que si usted no puede tomar una llamada, no debe contestar el teléfono. A diario encontramos personas que especialmente con teléfonos celulares contestan todas las llamadas y le dicen a todos que le responderán más tarde ya que están ocupados en ese momento. Si esto ocurre, no conteste el teléfono.

Este tipo de interrupción resulta de mal gusto tanto para la persona que llama como para la persona con quien usted está reunido en el momento de recibir la misma. Esto es otra oportunidad para aprender a pensar. Si no puede hablar, entonces, ¿por qué contesta? Simplemente evite tomar el teléfono cuando no tenga la oportunidad de hablar.

Por esta razón, deje que se active automáticamente su máquina contestadora o su buzón de voz cuando no puede responder rápidamente. Utilicemos la tecnología para nuestro beneficio. Es también una muy buena práctica apagar el timbre de nuestros teléfonos celulares durante las citas con los clientes. No lo deje en modo de vibrar ya que esto lo distraerá y aunque el cliente no se de cuenta, usted querrá saber quién está llamando.

Nuestros clientes merecen absoluta atención. Mostremos el respeto que quisiéramos se nos mostrara a nosotros. El teléfono es una herramienta poderosa; úsela para su beneficio, no detrimento. Sea cortés siempre.

Obtenga una identificación profesional

En nuestra industria tenemos actividades frecuentemente. Es muy común que antes de entrar al lugar de la actividad nos entreguen una identificación. Por lo general, ésta es de papel con pega en la parte posterior. Lleve consigo su propia identificación, sea diferente.

Visite una tienda de ventas de trofeos y ordene varios de éstos con su nombre y apellido, el nombre de la compañía y una frase indicando algo sobre su compañía. Ésta es una excelente oportunidad de mercadeo en la cual usted debe capitalizar y mostrar su individualidad.

En nuestra compañía, por ejemplo, nos identificamos por nombre, la empresa y nuestro lema: "*Vendemos Ingresos*". Es increíble la cantidad de personas que se nos acercan a preguntarnos al respecto. Esta estrategia ha resultado muy efectiva.

Evite utilizar identificaciones genéricas. Adquiera una de alta calidad. Las mejores se adhieren a su ropa mediante el uso de un magneto, no un imperdible o broche. Si es posible incluya su logo y utilice un color que vaya de acuerdo a los colores utilizados en su compañía tanto en la decoración como en sus materiales de mercadeo. Son los pequeños detalles los que hacen la diferencia. Distíngase en seminarios y convenciones utilizando una identificación elegante que muestre su atención a los detalles.

Sea persistente, pero no agresivo

Ser persistente es una buena cualidad a desarrollar, especialmente en el negocio de los bienes raíces donde la compensación está basada en comisiones que por lo general no son regulares. Ser agresivo es un aspecto negativo que usualmente indica la falta de sensibilidad para con los demás. Existe una línea muy fina entre ambos y debemos evitar cruzarla.

Sólo pocas personas utilizan la estrategia de contactar a sus prospectos después de que éstos hayan dicho "no" a su proposición. Es ésta la diferencia entre el profesional con experiencia y aquéllos que no lo son. Numerosos estudios han comprobado que la mayoría de las personas dicen "sí" cuando se contactan varios meses más tarde y se les ofrece la misma proposición.

Esto se debe a que tuvieron la oportunidad de analizar exactamente lo que existe en el mercado y han descubierto que su proposición fue la mejor. Sin embargo, no lo llamarán. Por lo que usted debe llamar; tendrá una probabilidad muy alta de cerrar la venta.

Las personas que llevan a cabo la disciplina de contactar a todos sus prospectos consistentemente descubren que les brinda resultados muy exitosos. Sea parte del grupo de los efectivos. Llame hoy y persista de forma amigable y positiva. Logrará resultados muy agradables.

Obtenga designaciones profesionales

Como ya hemos mencionado, nuestra industria es rica en educación y oportunidades para mejorarnos. Existe una gran variedad de designaciones disponibles para satisfacer todas y cada una de sus necesidades como individuo y para nuestra empresa por igual.

Identifique cuáles son aquellas designaciones que le interesan y tome los cursos necesarios para obtener las mismas. Uno de los beneficios de designarse es establecer relaciones con otros profesionales que a su vez le ayudarán a desarrollar su negocio.

Este compartir es mutuo y mientras más se involucre en las diferentes organizaciones más beneficios obtendrá. Eventualmente habrá identificado aquellas designaciones en las cuales desea concentrarse y encontrará poco a poco su nicho donde finalmente se especializará.

Es la especialización la que le brindará los mayores beneficios. No es eficiente querer tener todas las designaciones a la vez. Existen muchas oportunidades en bienes raíces. El campo es muy complejo. Asegúrese de identificar designaciones que le complementen y especialícese lo más posible. Evite la tentación de querer abarcarlo todo. Existen muchas ramas y estrategias en nuestro negocio que son muy lucrativas. No pierda su enfoque cambiando su estrategia. Escoja un mercado y domínelo. Esto será lo más lucrativo.

Obtenga un depósito adecuado

El depósito entregado por el posible comprador representa con frecuencia sus intenciones con respecto a la transacción. Es importante identificar este elemento como un indicador de lo que va a ocurrir en el futuro.

Aquellos compradores realmente comprometidos con la culminación de la venta ofrecerán depósitos adecuados. Éstos ya han tomado la decisión 100% sobre su compra, por lo que el resto de la transacción fluye sin percance o demora alguna.

Cuando el depósito no es adecuado podría ciertas veces representar un compromiso a medias de parte del comprador. También, puede ser un indicador de que el comprador aún no está preparado financieramente para efectuar la compra.

Conozca las señales que surgen a diario en su negocio. En muchas ocasiones éstas son de tipo no verbal. Aunque su cliente le comunique lo contrario, preste atención a sus acciones. Evitará de esta manera desperdiciar su tiempo. No pretendo con esta aseveración decir que si el depósito es más bajo de lo requerido no se va a efectuar la transacción. Lo que sugiero es que observe las señales para así siempre garantizar la culminación exitosa de su transacción. A través de nuestras interacciones encontraremos muchas señales. Tenemos que estar alertas y poder entenderlas.

Conviértase en un experto en mercadeo

La función principal en todos los negocios es definir y ejecutar un plan exitoso de mercadeo. No importa cuál sea su negocio o su posición, su más importante función es comercializar sus productos y servicios. Por lo que esto requiere tener una visión muy clara del negocio y desarrollar estrategias para servir a sus clientes.

Las ventas, por ejemplo, son parte de la amplia gama de actividades y programas que abarca el mercadeo. Usted puede tener la mejor fuerza de ventas del mundo y si no presta la atención adecuada a su mercadeo, no podrá alcanzar el éxito que desea obtener.

Por otra parte, usted puede tener un equipo de vendedores incompetentes y si su plan de mercadeo es excelente, obtendrá impresionantes resultados. Obviamente lo ideal es tener siempre ambos elementos: una excelente fuerza de ventas respaldada por un plan de mercadeo efectivo que produce resultados consistentes.

Usted debe convertirse en un fiel estudiante de las mejores técnicas de mercadeo implementadas por las compañías mundialmente exitosas. Identifique, además, cómo éstas podrían aplicarse a su negocio. Parte de su desarrollo personal continuo debe ser el estudio y la aplicación de estrategias y técnicas de mercadeo. Implemente todas aquéllas que aprenda hasta identificar las más efectivas.

Envíe a sus clientes un archivo con todos los
documentos utilizados durante la transacción

Una de las formas de ofrecer valor añadido a sus clientes es creando un archivo de todos los documentos utilizados y ejecutados durante la transacción de bienes raíces. Después del cierre, guarde copias digitalizadas en un disco compacto y envíele una copia a su cliente.

Mantener de forma digitalizada todos los documentos le ayudará a tener fácil acceso a éstos en el futuro. Organice los archivos de modo que puedan relacionarse claramente con cada transacción efectuada.

Una vez haya digitalizado todos los documentos, conserve la información en tres discos compactos. Uno para el cliente, uno para el archivo de papel del cliente en su oficina y uno para su archivo de documentos digitalizados. Nunca facture al cliente por reproducir una copia adicional para éstos.

Los archivos de papel ocupan más espacio y si en algún momento mudara éstos, todavía podrá acceder el archivo adicional de disco compacto. Éste debe estar siempre accesible. Si fuera posible, además, guarde el archivo digitalizado en su computadora o archivo de la internet. Otra ventaja es tener a la mano formas y documentos que pudieran ser útiles en una transacción completamente distinta sin tener que reinventar la rueda.

Cree una lista de profesionales
para referir a sus clientes

Sus clientes recurrirán a usted muchas veces para pedirle referidos de contratistas y otros profesionales en el campo de los bienes raíces. Cree una lista de éstos para poder satisfacer esta necesidad. Asegúrese de que sean de excelente reputación y calidad en sus trabajos. Pida referencias y comuníquese con las mismas.

Entreviste a sus prospectos y visite lugares donde han realizado trabajos antes de decidir establecer un servicio de referido. Manténgase al día con respecto al desarrollo de negocio de su lista de referidos. Esto debe ser una relación de mutuo beneficio. Su contacto se beneficia por el negocio obtenido y usted se favorece al mantener una lista sumamente confiable.

Continuamente expanda y mejore su lista. Las ferias y las convenciones son lugares excelentes para establecer estos contactos. También, utilice referidos de sus colegas y amigos que hayan tenido una buena experiencia con sus respectivos contactos.

Documente por escrito su lista para distribuirla a sus clientes y prospectos e inclúyala en su página web como un archivo descargable. Visite, llame e invite a sus contactos a sus actividades de "*networking*" y esta estrategia le servirá grandemente. Si los mantiene siempre cerca y establece una buena relación, éstos le reciprocarán grandemente.

Establezca un presupuesto para su negocio

Mantenga un presupuesto de todos los gastos e ingresos de su negocio. El presupuesto debe ser parte de su plan de negocios. Tenga a la mano una copia del mismo y revíselo mensualmente.

Establezca la práctica de actualizar su presupuesto regularmente. Por ejemplo, cada tres meses puede evaluarlo y determinar si amerita algunos cambios. Hacer esto lo mantendrá informado sobre la operación de su negocio y le servirá de guía para efectuar cambios pertinentes y a tiempo.

Uno de los modelos que mejor ilustra el manejo de la revisión de los presupuestos es el de los casinos en Las Vegas. Éstos actualizan sus presupuestos cada hora. Imagínese 24 revisiones diarias. Esto es por la gran cantidad de dinero que se maneja en estos negocios. Usted no tendrá la necesidad de hacer esto, pero sí le muestra la importancia de estar bien enterado de dónde exactamente estamos en nuestro plan.

Incluya en su presupuesto los impuestos a pagar, renta, utilidades, teléfono, gastos de mercadeo y publicidad. De igual modo, suscripciones de publicaciones y servicios, membresías, educación, gastos de automóvil y entretenimiento. Además, cualquier otro gasto que usted planifique incurrir como resultado de su actividad en el negocio. Lo que se monitorea se controla. Utilice esta estrategia y sabrá siempre cuáles son los pasos a tomar para alcanzar sus objetivos.

Utilice la técnica del silencio

En negociaciones utilice la técnica del silencio. Después de haber presentado su oferta, mantenga silencio hasta que la otra parte hable. Aunque pase mucho tiempo, no hable hasta que la otra persona lo haga primero. El silencio será su aliado.

Por lo general, en una negociación el primero que habla pierde ya que cede a los términos del otro u ofrece información que usted puede utilizar para negociar más efectivamente en un posible encuentro futuro.

Esta técnica requiere que usted pueda mantener la postura y esperar que la otra persona diga algo. Esto es considerando que los términos ofrecidos aún no satisfacen sus intereses. Si lo que le ofrecen es exactamente lo que esperaba conseguir, firme el contrato, despídase y retírese de la negociación.

La técnica del silencio aplica por igual en este caso. Muchas ventas se han perdido después de haberse ganado simplemente por seguir hablando. Manténgase enfocado en su objetivo y una vez logrado no lo pierda. La conversación social no tiene lugar durante o después de una negociación. Mantenga silencio y triunfe. Hable otro día. Estar consciente del poder de esta estrategia salvará muchas de sus ventas de la posibilidad de no darse. Práctiquela, domínela y obtendrá buenos frutos.

Establezca buenos hábitos de seguimiento

La falta de seguimiento es tal vez la principal razón de fracaso en las transacciones de bienes raíces. Evite ser víctima de este mal. Conviértase en la mejor persona que da seguimiento continuo durante el transcurso de la transacción y después del cierre de la venta.

El seguimiento indica que usted está al tanto de todos los detalles y consciente del próximo paso a tomar. Lo presenta como una persona competente en la cual se puede confiar la culminación exitosa de una transacción. Su cliente está buscando precisamente eso. Una persona que se haga cargo de la situación y todos sus pormenores.

Establezca buenos hábitos de seguimiento. Utilice formas, calendarios y listas para asegurar que cubre todos los detalles a cabalidad. Ésta es la marca de un profesional capacitado. El proceso de dar seguimiento facilita nuestro trabajo a la vez que lo hace más productivo.

Buenos hábitos de seguimiento requieren menos esfuerzo de su parte para obtener los mismos resultados que otros obtienen sin dar seguimiento. Esto significa que con un esfuerzo menor usted podrá obtener mayores beneficios y resultados. Dar seguimiento evita a su vez que se omitan procesos o actividades que retrasen una venta. Utilice esta estrategia y siempre triunfará. Aquellas personas que dan seguimiento continuo mantienen el control de los procesos.

Mida los resultados de su mercadeo

Una de las estrategias más importantes con respecto a las finanzas de su negocio es la medición de los resultados de su mercadeo. Todas las áreas deben ser medidas regularmente para determinar su rendimiento en la inversión.

Usted debe conocer exactamente cuál es su rendimiento en el capital invertido para promover su negocio. El hecho de que todas las compañías de bienes raíces utilicen un medio de mercadeo no significa que sea efectivo. Asegúrese de que su forma de mercadearse es efectiva. Mida los resultados, haga ajustes y mida otra vez.

Si usted decide enviar una promoción con tarjetas por correo, cuantifique las llamadas recibidas atribuibles directamente a esta promoción y dolarice sus resultados. Si envió 5,000 tarjetas y recibió 25 llamadas de las cuales logró tres ventas, divida el costo total de esta promoción entre la ganancia que obtuvo de estas tres ventas. Luego deduzca sus gastos operacionales fijos y las partidas de la comisión que tuvo que compartir con otros corredores, si aplica.

El resultado será su ganancia neta. Determine qué porcentaje de su inversión inicial representa esta cantidad. Haga lo mismo con todo su mercadeo y realice ajustes si fuera necesario. Es importante que determine cuál será el mínimo rendimiento que podría aceptar.

Trabaje únicamente con
contratos de corretaje exclusivo

Su tiempo, experiencia y preparación ameritan contratos exclusivos. Si usted acepta un corretaje que no es exclusivo, usted es el primero que no valora su peritaje. Trate de no trabajar de otra forma. Aceptar un contrato que no sea exclusivo es en realidad ofrecerle al cliente un servicio de calidad inferior.

Tanto su cliente como usted se merecen trabajar bajo un contrato exclusivo. A usted le ofrece la oportunidad de invertir con la seguridad de que no estará desperdiciando su dinero, tiempo y esfuerzo. Al cliente le ofrece la oportunidad de trabajar sólo con una persona la cual se encargará de todos los pormenores de la transacción y administrará la cooperación de otros corredores.

Recuerde que el cliente tiene que pagar la misma comisión en un contrato abierto que en uno exclusivo. Ciertamente es un gran inconveniente para el cliente tener un contrato abierto. Lo que ocurre es que éstos temen que usted no hará el trabajo adecuado para vender la propiedad.

Si usted practica las estrategias de este libro, se desarrollará como un corredor de excelente calibre y con su reputación conseguirá los mejores contratos. Ofrecerá, entonces, un servicio de excelencia que amerita las mejores condiciones de contrato. Demuestre que usted es capaz de compartir con sus colegas y representar a su cliente eficientemente.

Trabaje todas las propiedades
con un plan de mercadeo

Necesitamos un plan de mercadeo para operar nuestro negocio. Además, tenemos que preparar uno para todas y cada una de las propiedades que listemos. Trabaje utilizando un formato determinado y realice ajustes basados en el tipo de propiedad.

Este plan de mercadeo debe presentarse a su equipo de trabajo y a su cliente. Su equipo de trabajo (o usted si trabaja sólo) debe estar íntimamente familiarizado con cada paso a tomar para mercadear la propiedad.

Describa en detalle las técnicas a utilizar y los medios de comunicacion adecuados y particulares a esa propiedad. Por ejemplo, si usted está mercadeando una propiedad de lujo ésta debe promoverla en publicaciones dirigidas a la clase pudiente. Evite confundir el mensaje con el medio. A veces el mensaje es correcto y el medio no, otras veces es a la inversa. Tenga mucho cuidado con esto.

Ambos, el mensaje y el medio, tienen que estar a la par para lograr la mayor efectividad. Si usted va a la playa, se viste de forma diferente a como iría a una boda. Lo mismo pasa con el mercadeo. La propiedad y el mercadeo van de la mano. Un ejercicio que siempre resulta de ayuda es hacer una lista de los sitios donde usted buscaría una propiedad si usted fuera la persona que estuviera comprando. Esto le indicará por dónde comenzar.

Aprenda a tomar fotos profesionales

La gran mayoría de las fotos utilizadas en el mercadeo de propiedades no son buenas. Sobresalga utilizando fotos que realmente añadan valor a su trabajo. La tecnología nos ha facilitado en gran medida esto, pero a la vez ha creado la ilusión de que cualquiera puede tomar fotos profesionales. Esto no es así.

Si puede contratar a un profesional para tomar las fotos de las propiedades, hágalo. Si es usted quien estará tomando las fotos la mayoría de las veces, entonces tome tiempo para aprender a tomarlas bien. Matricúlese en un curso corto, lea un libro o consiga un mentor que le ayude.

Las fotografías son una parte muy importante de la presentación que hacemos a nuestro prospectos. Éstas forman parte de los detalles que debemos tener en cuenta a la hora de preparar los materiales de mercadeo. Recuerde que una imagen equivale a mil palabras. Haga que sus palabras hablen bien y de forma elocuente. Recientemente un cliente extranjero me informó que todos los días observa las fotos de la propiedad que está comprando y que éstas parecen un sueño. Esto es una muy buena impresión.

Tomar buenas fotos demuestra su profesionalismo. Como ya habrá notado son muchas las habilidades que debemos desarrollar en esta industria. Tenemos el honor de ser parte del mejor negocio del mundo.

Ofrezca recomendaciones a sus clientes

Cuando sus clientes lo contratan para comprar o vender una propiedad, gran parte de lo que ellos esperan son recomendaciones de cómo realizar la transacción de la forma más rentable. Su trabajo principal es ser consultor y asesor para con sus clientes.

Sin embargo, muchas veces nos olvidamos de mencionar las recomendaciones al cliente y terminamos convirtiendo la transacción en una más difícil para nosotros. Esto pudo haberse evitado si lo hubiéramos involucrado desde el principio.

Cuando los clientes llevan a cabo nuestras recomendaciones, logramos obtener una mejor transacción. En el corretaje comercial, particularmente, existen muchas estrategias que pueden implementarse para lograr una ganancia significativa a éstos. Por ejemplo, la revisión de rentas y la estructuración de financiamiento.

Al aplicar nuestros conocimientos y ofrecer buenas recomendaciones lograremos acelerar el proceso de venta. Su cliente espera que usted le lleve de la mano. Ofrezca las mejores recomendaciones que puedan resultar en una transacción lucrativa y más ventajosa para éstos. En el campo residencial aprenda técnicas de *"staging"* y *"feng shui"* para ofrecer a sus clientes. Éstas harán una gran diferencia en la rapidez con que se efectúa la venta.

Utilice únicamente la más alta calidad
en sus presentaciones de mercadeo

Al momento de crear materiales de mercadeo y presentaciones utilice únicamente la más alta calidad. Sea consistente y muy cuidadoso en su selección de papel. Sus materiales deben reforzar en el cliente la decisión de haberle escogido a usted como representante.

El papel es el material principal que estará utilizando. No todos los papeles son iguales. Están disponibles en distintos pesos. (Éste se establece basado en lo que pesan 2,000 hojas de papel). Por ejemplo, el papel más utilizado para reproducir es de 20 libras. Para presentaciones de mercadeo y todo tipo de comunicación con sus clientes y prospectos recomendamos utilizar papel con un mínimo de 24 libras. La diferencia en costo es insignificante.

El papel de 24 libras es más grueso y se siente mejor al tocar. También, debe identificar qué tipo de brillantez tiene el papel. Esto aparece documentado en el empaque. Mientras más brillante, mejor se verá la tinta. Son detalles pequeños los que hacen una gran diferencia.

Muchos profesionales ignoran que sus presentaciones son de poca calidad. Evite ser víctima de la falta de información. Practique la excelencia en todo lo que haga. Las personas que importan lo notarán. Son los pequeños detalles los que lograrán distinguir sus servicios del resto de las operaciones y negocios en el mercado. Manténgase actualizado en todas las prácticas que afecten su imagen y la de su negocio.

Conozca los diferentes estilos
arquitectónicos y tipos de propiedades

Un profesional conoce el producto que vende. Desafortunadamente muchas veces un cliente le indica a su corredor que desea un estilo de propiedad y éste le muestra otras que no son remotamente lo que el cliente está buscando.

Si usted tiene clientes interesados en propiedades de inversión que generen ingresos, no les muestre terrenos con planes de desarrollo. En el campo comercial, éste es un tipo de propiedad muy diferente a lo que ellos buscan y usted logrará parecer un novato.

Preste atención a su cliente y tome notas sobre todos los detalles que le comunica. Ésta es la forma más rápida de efectuar una venta. Divida las propiedades de su "Catálogo de Propiedades" por categorías y esto facilitará identificar las mismas para su cliente.

Comience a estudiar las distintas clasificaciones de propiedades. Estilos arquitectónicos de residencias, tipos de propiedades comerciales, épocas, historia y razones prácticas y pragmáticas para la gran variedad de estilos disponibles. Conozca qué tipo de materiales son utilizados en cada estilo y por qué. Este conocimiento le dará una perspectiva más completa de los tipos de propiedades disponibles y le ofrecerá la oportunidad de presentarle a sus clientes exactamente lo que desean.

Visite todas las propiedades comparables de su listado

En el campo residencial, visite todas las propiedades que aparecen en el CMA (Análisis de Mercado Comparable). En el campo comercial, visite propiedades del mismo tipo aunque estén localizadas en diferentes áreas.

De igual manera, investigue en la internet. Busque propiedades que otros tienen para la venta y compárelas. Esto le ayudará a tomar decisiones inteligentes basadas en información confiable. Haber visitado las propiedades comparables de la propiedad sujeto le brindará una gran ventaja al momento de preparar su plan de mercadeo.

Le ofrecerá, además, la oportunidad de obtener otros negocios. Muchas veces cuando visitamos otras propiedades conocemos a personas interesadas en vender o comprar en el área. Estar en la calle visitando y conociendo el área es una de las actividades más productivas en nuestra industria.

Conozca a fondo su listado y aumente su valor profesional a través del conocimiento especializado que irá adquiriendo. Recuerde tomar muchas fotos y notas e incluirlas en su "Catálogo de Propiedades". Esta herramienta junto con sus visitas a las propiedades le traerán mucho éxito. No olvide registrarse en páginas web que le envían información sobre nuevos listados. Estúdielos y úselos como referencia.

Ofrezca seminarios de forma gratuita

Ofrezca seminarios para compradores e inversionistas. Ésta es una de las herramientas más poderosas para adquirir clientes en cualquier industria. Estos seminarios deben ser gratis y deben ofrecer una gran cantidad de información valiosa para los participantes.

Incorpore siempre como oradores a banqueros, tasadores, inspectores, desarrolladores y otros profesionales de la industria. El tiempo, esfuerzo y dinero invertido en este tipo de actividad brindará estabilidad, crecimiento y solidez a su negocio.

Hoy día existe una gran cantidad de información que tenemos que conocer y dominar. La misma cambia con mayor rapidez que nunca antes. Ahora más que nunca es necesario mantener a nuestros clientes y prospectos informados. La industria inmobiliaria es incluso una industria informativa y es nuestro deber compartir información que pueda ser de utilidad para otros.

A través de seminarios nos mantenemos en contacto con nuestros clientes, aumentamos las ventas, estamos mejor informados y ofrecemos una buena contribución a la comunidad. Esta estrategia debe ejecutarla por lo menos cada dos meses. Si es más frecuente, mejor aún. Usted notará un incremento en sus ventas. Éste será proporcional a la cantidad de seminarios y talleres que ofrece.

Tome un curso de educación
fuera de su industria

Darse a la tarea de conocer temas fuera de la industria es una excelente oportunidad de penetrar un mercado diferente y desconocido a la vez que adquiere habilidades y destrezas superiores. La mayoría de las personas se educan solamente en su campo de práctica profesional sin exponerse a campos diferentes.

Son aquéllos que se aventuran a conocer nuevos mundos los que adquieren una ventaja aún mayor que los expertos en su industria. Educarse en su propia industria es un deber y en realidad el requisito mínimo para poder operar eficientemente. Al educarse en otras áreas usted obtiene la ventaja de diferentes puntos de vista lo cual le provee una perpectiva mucho más amplia.

Otras industrias utilizan estrategias muy sencillas y eficaces que nosotros podemos adaptar a la nuestra. Tomar un curso en jardinería pudiera presentarle una idea de operar su negocio que antes no había contemplado.

Existen muchas otras, que con pocos recursos o tal vez ninguno, pudiera implementar. Por ejemplo, conocer al presidente de una compañía que necesita un corredor para manejar su departamento de relocalización. Esto podría generarle 10 o 15 ventas anuales. Lo mejor de todo es que usted es el único corredor de bienes raíces en el grupo. Esta estrategia multiplicará sus ingresos rápidamente.

Póngase de pie cuando hable por teléfono

La energía, entusiasmo y dinamismo creado por el lenguaje no verbal causado por la condición de estar de pie se transferirá a través de las líneas telefónicas. Evite estar sentado cuando hable por teléfono con un prospecto o cliente. Póngase de pie y hable en voz alta.

La comunicación no verbal es muy poderosa y transciende las líneas telefónicas de forma consistente. Postrar nuestros pies sobre el escritorio mientras hablamos por teléfono no es recomendable. La conversación es más efectiva si estamos de pie. Su postura, además, mejorará su actitud. Si estamos negociando o intentando conquistar a un prospecto, esta postura es muy importante para la comunicación que se está llevando a cabo.

Su posición y su postura ejercen gran influencia en el tono de la voz y el timbre de la misma. Imagínese a un cantante de ópera sentado con los pies sobre el escritorio. Su voz no sería la misma. Aún si usted no lo está mirando, percibirá su voz de forma diferente y carente de la fuerza a la cual se ha acostumbrado.

Esto es sólo la parte física de la voz. Más impactante aún es la transmisión de energía causada por nuestra fisiología. En ocasiones todos hemos tenido malos presentimientos sin entender la razón. Esto es el resultado de la fuerza de la energía. Utilícela a su favor.

Trabaje para su negocio, no en su negocio

El experto Michael Gerber, autor del libro *"El Mito Empresarial"*, nos enseña la diferencia entre trabajar en nuestro negocio y trabajar para nuestro negocio. Esta diferencia es enorme. La mayor parte de nuestro tiempo debe ser dedicado al mejoramiento de las funciones de nuestro negocio.

Si nuestro negocio depende 100% de nosotros para ser productivo, indica claramente que no estamos siendo eficientes. Podríamos decir que no tenemos un negocio sino un trabajo. Si lo que interesamos es un trabajo, no hay razón alguna para cargarnos con todas las responsabilidades que conlleva tener un negocio.

La meta de todo negocio debe ser crearlo, desarrollarlo y venderlo a un buen precio. De manera que pueda vivir de esta ganancia, sin tener que trabajar por el resto de su vida. La clave reside en establecer sistemas que garanticen que las funciones necesarias para la operación lucrativa de nuestro negocio se lleven a cabo con o sin nosotros.

Nuestra tarea debe enfocarse en la creación y el mantenimiento de estos sistemas. La empresa de comida rápida McDonald's es un buen ejemplo de esto. McDonald's emplea jóvenes con poca o sin experiencia alguna. Sin embargo, la empresa es efectiva porque sus sistemas organizacionales siempre producen resultados excelentes.

Monitoree todos los aspectos de su negocio

Monitorear su negocio requiere que usted se cuestione y evalúe lo siguiente: la cantidad de listados que tiene, el tiempo que éstos toman en venderse, la cantidad promedio de sus comisiones, las llamadas que recibe de las diferentes estrategias de mercadeo utilizadas, entre otros.

Asimismo debe conocer cuántos cierres se cancelan, cuántos nuevos prospectos ha añadido a su base de datos, cuántas llamadas recibe semanalmente, cuántas presentaciones de listado efectúa durante el mes y cuántos compradores al igual que dueños/vendedores potenciales le llaman.

Examine, también, la cantidad de llamadas que resultan en mensajes grabados en máquinas o buzones de voz. De igual modo, verifique cuántos seminarios ha tomado. Son éstas y muchas más las preguntas que debemos hacernos constantemente para reafirmar que tenemos control de nuestro negocio.

Todas estas interrogantes reflejan un área de posible mejoramiento. Preste mucha atención a las mismas para que pueda identificar un área en la que debe crecer. Cuando se cuestiona cuán efectivo es su esfuerzo, ciertamente la respuesta está en su interior. Trabaje con usted mismo y establezca un plan de desarrollo.

Lea el libro "Cómo Ganar Amigos
e Influenciar a las Personas"

El libro "Cómo ganar amigos e influenciar a las personas" es el clásico por excelencia de las relaciones personales. El autor, Dale Carnegie, creó una obra maestra. Documentado excelentemente y basado en experiencias reales, este libro nos muestra con lujo de detalles y paso a paso cómo lograr tener relaciones personales que nos ayuden a desarrollarnos como individuos.

Usted aprenderá técnicas del trato con la gente que serán de utilidad en todas las facetas de su vida. Logrará autoevaluarse y evitará situaciones que pueden resultar en malas relaciones. Lo más importante de todo es que usted llevará un tipo de radar interno que medirá el estado y condición de todas las relaciones que usted tiene.

Éste es un libro que usted debe leer una vez al año. Encontrará ideas y estrategias útiles que podrá implementar inmediatamente. Cada vez que lo lea, descubrirá otros detalles que habían pasado de forma desapercibida. Estará aprendiendo todo el tiempo.

Lo que ocurre es que cuando usted está preparado para recibir cierto tipo de información su mente la identificará. Mientras no lo esté, no la notará aunque la lea cientos de veces. Cuando este fenómeno le ocurra, alégrese porque significa que usted ha crecido como persona. Poder reconocer a nivel consciente las diferentes enseñanzas es un indicador de su crecimiento lo cual es el objetivo primordial de los libros de desarrollo personal.

Utilice la regla de los 180 grados

Esto es hacer exactamente lo opuesto a lo que las demás personas están haciendo. Por ejemplo, los corredores de bienes raíces invierten la mayoría de su capital en formas de mercadeo para adquirir nuevos clientes. La estrategia más productiva, sin embargo, es invertir la gran mayoría de nuestros fondos en nuestro círculo de amistades y clientes activos.

Las masas tienden a tener una mentalidad de grupo. Ésta es la clave en la industria de la moda. Los modistas conocen que si logran hacer pensar a la gente que sus estilos son los adecuados en ese momento, todo el mundo los comprará. Esto les resulta muy efectivo y lucrativo.

En nuestro negocio aplicamos este conocimiento observando lo que la mayoría de los corredores están haciendo y asegurarnos de hacer exactamente lo contrario. Si la gran mayoría de los corredores trabajan el campo residencial, entonces usted debe trabajar el campo comercial. Una vez dentro del campo comercial si la mayoría de los corredores trabajan el segmento de alquiler de oficinas, opte por trabajar el segmento de ventas de hoteles y otras hospederías.

La idea es estar siempre pendiente a lo que la mayoría de la gente hace y realizar lo contrario. Haga algo diferente. Ésta es la manera más fácil de diferenciar sus servicios.

76

Viva con integridad

Integridad es hacer lo que dijimos que íbamos a hacer. Muchas personas carecen de integridad para con ellos mismos y es imposible que tengan integridad para con los demás. Debemos reconocer que cuando nos comprometemos con alguien o algo es importante cumplir. Parece obvio y sencillo, pero cuántas veces fallamos.

La disciplina de pensar antes de hablar es una muy apropiada. Si ciertamente pensáramos antes de hablar, muchas veces no diríamos lo que decimos. Al hablar esté completamente seguro de que puede respaldar lo que dice. Si éste no es el caso, permanezca en silencio.

En nuestra industria estamos constantemente rodeados de actividades y situaciones que se nos presentan en las cuales es muy fácil prometer y comprometerse. No obstante, luego nos percatamos cuán difícil es satisfacer a todo el mundo y que no podemos cumplir todo lo prometido.

Es mejor prometer lo menos posible y darse a la tarea de efectuar aquello que sí prometimos a la mayor brevedad. Un corredor recientemente prometió enviarme información sobre un centro comercial que tenía listado ya que yo tenía un cliente para éste. En tres ocasiones prometió lo mismo. Aún no la he recibido. Ese corredor vive su vida sin integridad y eso es lamentable.

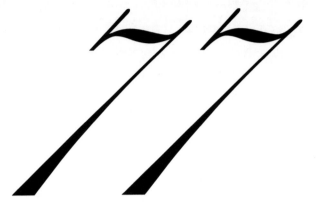

Cree un nicho

Existe una cantidad ilimitada de posibilidades con respecto a nuestra carrera de bienes raíces. Es importante que usted vaya poco a poco identificando un nicho en el cual se sienta cómodo y convertirse en la persona número uno en ese mercado.

Esto le ofrecerá una gran ventaja competitiva a la vez que le provee ingresos superiores a los que obtendría si intentara abarcar todos los mercados. Las personas que se toman el tiempo de identificar o crear nichos garantizan tener control de su mercado.

En realidad la cantidad de nichos en bienes raíces está limitado solamente por su mente. Dentro de cada tipo de propiedad existen muchos. Tengo una amiga que ha creado un nicho de mujeres que tienen negocios pequeños los cuales operan desde sus casas. Éstas compran propiedades cuyas unidades adicionales para la renta les ayudan a sufragar sus gastos.

Estas mujeres son jefas de familia y se han visto obligadas a trabajar desde su hogar debido al alto costo del cuido de los niños. Mi amiga domina completamente este mercado y siempre tiene ventas de este tipo de propiedades. Su negocio opera 100% por medio de referidos y su mercado ya conoce que ella es la persona a llamar cuando se trate de este tipo de propiedad. Ella creó su nicho.

Su servicio determina sus ingresos

Todos sus ingresos en la vida van a estar determinados por cuánto servicio ofrece a los demás y cuán efectivamente ofrece soluciones a los problemas de sus clientes. Si comprendemos íntimamente lo profundo de esta aseveración, no tendremos problemas identificando áreas en las que podamos ejercer una práctica muy lucrativa y que le provea independencia financiera.

Tomemos por ejemplo a Bill Gates, el fundador de Microsoft. Una enorme cantidad de personas utilizan sus programas de computadora para solucionar problemas en sus negocios. El nivel de problemas que Bill Gates ha logrado solucionar se refleja directamente en sus ingresos y en el éxito de Microsoft.

Dentro de Microsoft se han creado más de 21,000 millonarios. Éstas son personas que también ofrecen un gran servicio. La fórmula es sencilla, su riqueza es un reflejo de su contribución.

A medida que usted provea valiosos servicios para sus clientes, sus ingresos serán igualmente valorados. Ésta es una de las razones por las cuales el corretaje comercial es tan lucrativo. La mayoría de las veces usted está ayudando a inversionistas a obtener un buen rendimiento en su inversión. Gracias a esto usted es remunerado de forma abundante. Mientras mejor servicio ofrezca, más ganará.

Domine todos los aspectos del financiamiento

Financiamiento es la parte más importante en una transacción de bienes raíces. Debemos darnos a la tarea de conocer y dominar todos los aspectos relacionados con el financiamiento. Aunque no tengamos que lidiar directamente con este proceso, el completo dominio del mismo nos hará mucho más competentes. Ofrecemos, además, valor añadido a nuestros clientes.

Por tanto, debemos conocer de memoria cuáles son los documentos necesarios para solicitar un financiamiento y los requisitos y las reglas de las distintas agencias. De igual modo, los límites prestatarios y el tipo de financiamiento que se intenta obtener al igual que los parámetros de cualificación para propiedades comerciales basado en sus ingresos por concepto de rentas.

De la misma manera, debemos tener contactos en las instituciones bancarias que nos puedan ayudar con nuestros clientes. Debemos conocer, también, cuáles son las metas de las distintas instituciones bancarias para así ser más efectivos en nuestra selección.

Es nuestro deber el orientar a nuestros clientes con respecto a los distintos tipos de préstamos que están disponibles y asegurarnos que obtienen aquéllos que le ofrecen el mejor beneficio, no los que nos ayudan a cerrar la transacción de manera más rápida.

Desarrolle pasión por su profesión

La industria de los bienes raíces es extremadamente lucrativa e interesante. Es fácil desarrollar pasión por nuestra profesión. Es esta pasión la que nos elevará a niveles de producción que tan sólo ayer le parecían muy lejos e inalcanzables.

Si no puede desarrollar pasión por su profesión, quizás sea un indicio de que debería ejercer alguna otra. Los bienes raíces pueden ofrecerle todo lo que usted desee en su vida. Asegúrese de que ésta es la industria donde quiere trabajar. La vida es muy corta para ejercer y practicar algo que no le llene a cabalidad.

Los corredores más exitosos tienen una genuina pasión por su carrera. Éstos trabajarían en este campo aunque no recibieran compensación alguna. No obstante, ocurre todo lo contrario. Su pasión les brinda abundancia y satisfacción la cual comparten con sus clientes.

La pasión es energía atrapada la cual se dispersa de manera rápida y amplia para acaparar un espacio. Es por esto que cuando usted se encuentra cerca de alguien apasionado por su trabajo, se percibe este sentimiento en todo su entorno. La energía de la pasión llena el espacio de forma interesante y a veces inexplicable. Para desarrollar pasión por lo que hace, dése a la tarea de dominar su industria por completo y comprométase a ser el mejor.

Manténgase al día con los avances tecnológicos

El mundo de los negocios se rige cada vez más por grandes avances tecnológicos. Es nuestro deber mantenernos informados e identificar aquellas tecnologías que nos ayudarán a ofrecer un mejor servicio a nuestros clientes. Esto no significa olvidar aquellas prácticas exitosas y que no requieren tecnología alguna.

Tenemos que establecer un balance entre la tecnología y nuestras estrategias de trato con la gente que han probado ser muy efectivas. Lo que no podemos es obviar la gran aportación que nos brinda la tecnología. Podemos alcanzar una cantidad mayor de prospectos en mucho menos tiempo, podemos comunicarnos más rápida, eficiente y económicamente que sin ella. Podemos trabajar desde prácticamente cualquier lugar del mundo.

La tecnología continuará transformando nuestras vidas. Es nuestro deber adoptarla y escoger cuáles son las herramientas más poderosas. Suscríbase a revistas de tecnología que lo mantendrán informado. Éstas pueden accederse sin costo alguno a través de la internet.

Tome el tiempo para conocer a fondo aquellas tecnologías que decida utilizar. Muchas veces utilizamos la tecnología muy por debajo de su capacidad. Cada minuto que la tecnología nos ahorre, nos permitirá compartirlo en reuniones de cara a cara con nuestros clientes.

Busque clientes, no propiedades

Muchos corredores se enfocan en obtener más y más propiedades para la venta. Esto resulta difícil de mantener una vez la cantidad se convierte inmanejable. Todo corredor exitoso se enfoca en obtener clientes que realicen transacciones de bienes raíces frecuentemente.

Esto elimina la necesidad de tener que comunicarse con cientos de personas mensualmente. Especialmente en el mundo del corretaje comercial, usted se beneficiará de la obtención y mantenimiento de clientes que pueden potencialmente tener entre 10 y 15 propiedades activas en el mercado.

Ésta es una forma mucho más inteligente de trabajar y mucho más lucrativa. Dése a la tarea de identificar cuáles son aquellos prospectos que poseen múltiples propiedades y que están regularmente activos en el mercado. Esto es más práctico en el corretaje comercial. Sin embargo, también aplica al corretaje residencial.

Clientes con múltiples propiedades puede significar una familia a quien usted le vende o ayuda a comprar residencias. Si toda la familia acude a usted para todas las transacciones, puede considerar que tiene un cliente con múltiples propiedades. La idea es enfocar sus esfuerzos de mercadeo en un segmento pequeño que a su vez ofrezca grandes oportunidades.

Conozca el *"turnover rate"* de su mercado residencial

Este cálculo se determina dividiendo las residencias vendidas por el total de las residencias. Por ejemplo, si usted trabaja en un área de 1,500 residencias y durante el año se venden 300 residencias, esto le dará un "*turnover rate*" de 20% lo cual es muy bueno.

Calcular el "*turnover rate*" de nuestro mercado nos ayuda a determinar si debemos continuar en éste o si es necesario efectuar algunos ajustes a nuestro negocio. Ésta es la diferencia entre aquéllos que trabajan por trabajar sin analizar el estado actual de sus negocios y aquéllos que controlan y dominan su negocio.

La mayoría de los corredores que generan pocos ingresos trabajan mercados con un "*turnover rate*" muy bajo y una cantidad de corredores en el mismo muy alta. Estos corredores ni siquiera conocen lo que está pasando y continúan con sus esfuerzos sin analizar la situación.

Es fundamental que conozcamos cuáles son los sistemas de medición que pueden afectar nuestro negocio y consecuentemente nuestros ingresos. El "*turnover rate*" es una de estas medidas. Identifique todas las ventas previas de su mercado. Busque la data de años anteriores para poder establecer tendencias y evalúe si ése es en realidad el mercado que desea trabajar basado en su potencial. La respuesta está en los números.

Cree una presentación de listados

La creación de una presentación formal de listado le mostrará a su prospecto que usted es un profesional en quien puede confiar. Ofrezca información sobre el mercado, la industria, su compañía, su persona, estadísticas, noticias y testimonios de clientes satisfechos.

Éste es el primer paso para combatir la objeción del porcentaje de comisión. Son muy pocos los corredores que se toman la molestia de hacer la presentación completa. Son estos corredores los que siempre terminan reduciendo su porcentaje de comisión.

Una presentación bien estructurada no sólo le ayudará a conseguir el contrato con todas sus condiciones sino que le servirá de guía para manejar el listado. Usar la presentación requerirá que usted la mantenga siempre actualizada. El proceso de actualizar su presentación le brindará información que le servirá de mucha ayuda en la venta de la propiedad.

Esto es un ciclo que se repite. Tener que actualizar su presentación implica adquirir y aplicar conocimientos nuevos. Por lo que usted será más competente en su campo. Demuestra esto un ejemplo claro de la interrelación de las disciplinas. Hacer algo requiere que usted haga otra cosa para ser exitoso. Debe prepararse adecuadamente para que sea reconocido como un experto.

Revise el archivo de sus clientes antes de llamarlos

Si usted se comunica con su cliente a diario, tal vez no necesite revisar el archivo. Sin embargo, si han transcurrido varias semanas o meses tómese el tiempo de revisar el archivo completo antes de llamar o visitar a su cliente. Por ejemplo, hoy pudiera ser el cumpleaños de la pareja de su cliente y usted debe estar informado.

Además, establezca la disciplina de tomar notas de todas y cada una de las conversaciones que usted tiene con sus clientes. Puede hacerlo de forma manual o de forma electrónica. Si usted llama y contesta la grabadora, anote que llamó, que contestó la grabadora y que dejó un mensaje.

Anote, incluso, la hora y el día en que llamó. Esta información le será muy útil en algún momento en el futuro. De igual manera, establezca un archivo de las personas que llaman preguntando sobre propiedades que usted tiene para la venta o interesados en vender su propiedad. Por lo general, éstos llamarán otra vez.

La forma más sencilla para esto es a través de un sistema electrónico ya que pueden ser muchas llamadas y un sistema manual podría no ser eficiente. En un sistema electrónico registre cada uno de los números de teléfono de sus clientes o prospectos. De esta manera, podrá acceder la información de modo más rápido.

Mantenga su oficina límpia y organizada

Mantenga las áreas de sus facilidades y todas sus oficinas organizadas y limpias. Aunque su área de trabajo esté inmaculada, sus visitantes se fijarán en la condición general de ésta. Evite tener latas de refrescos o comida en áreas que no sean la cafetería. Si sus oficinas no tienen cafetería, no permita que se lleve algún tipo de comida dentro de las facilidades en horas laborables.

Esto es un trabajo de equipo y la impresión total será la impresión personal que usted proyectará. Mantenga los archivos en un área privada y siempre con las puertas cerradas. Las bolsas de basura deben ser removidas de los zafacones una vez su contenido alcanza la parte superior del borde. Evite que artículos sobresalgan del canasto.

Instale perfumadores de aire de forma sutil y elegante. Utilice un aroma suave y con olor a limpio. Evite fragancias fuertes. Revise la condición de sus baños varias veces al día y asegúrese de que existe suficiente papel y jabón.

Establezca una agenda de pintura de su oficina. En climas calientes donde el sol es muy fuerte debe pintar sus oficinas una vez al año. Los colores tenues duran más. Si cree que hace falta pintar, esto es una clara indicación de que debió haberlo hecho hace un tiempo atrás. Un buen trabajo de pintura es como un buen corte de cabello. Los mejores son cuando nadie se fija en que se han realizado.

Suscríbase a un programa de audio mensual

El poder de los programas de audio consiste en que usted recibe la información directamente de la fuente, por lo que el aprendizaje es más efectivo, entusiasta y ameno. Existen muchos programas educativos de audio. Algunos se pueden conseguir sin costo alguno en forma electrónica a través de la internet.

Pruebe varias opciones hasta que encuentre alguna que sea afín con usted y su personalidad. En estos programas de audio usted recibirá reseñas de libros nuevos, ideas nuevas e información que le harán permanecer a la vanguardia de su profesión.

Convierta su vehículo en una universidad sobre ruedas. Los programas educativos de audio se consideran la tecnología más importante en el campo de la educación desde la invención de la imprenta. La persona promedio conduce entre 12,000 y 25,000 millas anuales. Basado en esto, se estima que usted podría adquirir la misma educación universitaria en su vehículo si escuchara solamente programas de audio mientras conduce hacia y desde su trabajo.

No pierda la oportunidad de adquirir una de las más grandes ventajas que poseen los ejecutivos altamente eficaces. Muchos de éstos nunca escuchan la radio en su vehículo, sólo se educan y obtienen grandes éxitos.

Documente por escrito la visión de su negocio

La visión es diferente a sus metas. Ésta es la imagen que usted tiene de su negocio si éste fuera perfecto. Esto incluye lo siguiente:

- ➤ Cantidad de asociados y sus responsabilidades
- ➤ Cantidad de clientes y su facturación anual
- ➤ Localización de oficina y sucursales, si aplica
- ➤ Crecimiento y sistemas requeridos
- ➤ Sus horas laborables y las de su oficina

Debe tenerlo todo por escrito, con dibujos si es necesario y revisarlo constantemente. Si usted piensa que su negocio es exactamente como lo desea, entonces debe planificar cómo mantenerlo de esa forma.

La razón para esto es que es muy fácil con las interrupciones diarias perder la perspectiva de lo que intentamos lograr. Cuando la visión es clara, la toma de decisiones es fácil. De otra manera, podríamos desperdiciar tiempo en actividades que no nos llevarán por el camino correcto.

El documento de la visión de su negocio debe estar localizado en un área visible para todos sus asociados. Debe revisarlo en todas las reuniones de la empresa. Si usted trabaja sólo, lleve consigo una copia todo el tiempo y revísela mientras espera en algún sitio. No piense que tener una visión de negocios aplica únicamente a compañías grandes. Usted puede beneficiarse del poder de una visión de la misma manera que una empresa gigante. Escríbala hoy.

Escoja con cuidado el nombre de su compañía

Evite utilizar su nombre como parte del nombre de su compañía. Lucirá pequeño. Muy pocas personas logran añadir valor a su nombre. Una de las excepciones es Donald Trump. En su caso el señor Trump ha convertido su nombre en un sinónimo de éxito. No debemos operar nuestros negocios a base de estas excepciones.

Escoja un nombre que identifique su nicho. Por ejemplo, "Casas de Campo Inmobiliaria" es mejor que "Luis Rodríguez y Asociados". Éste último no es atractivo; el primero sí comunica una idea de lo que la compañía hace. Otra razón para no utilizar su nombre es para evitar que su empresa disminuya en valor si algún día piensa venderla. ¿Cuánto vale "Luis Rodríguez y Asociados" sin Luis Rodríguez? Piense antes de seleccionar un nombre.

Verifique, también, los nombres disponibles en la internet para su página web. Modificando un poco el nombre que desee, podrá obtener una dirección de la internet. Ésta le ayudará de gran manera en su mercadeo.

Preste atención a cuán fácil o complicado es pronunciar el nombre de su compañía o qué connotaciones pueda tener. "Mario's Houses" puede sonar a pizzería. Cerciórese de obtener un nombre que sea claro, sencillo y poderoso. Recuerde, además, que debe prestarse para lucir bien en rótulos, tarjetas de presentación y papeles de carta.

Adquiera una dirección de correo electrónico profesional

Una de las razones para utilizar direcciones profesionales de correo electrónico es que usted comunica que se mantiene al día con la tecnología e invierte en su negocio. En realidad es muy económico obtener una de estas direcciones, pero la mayoría de las personas lo desconocen. Por sólo cinco dólares al año usted puede obtener un portal con el nombre de su compañía, en adición a varias direcciones de correo electrónico. Evite los siguientes:

a.   luis@gmail.com
b.   luis@hotmail.com
c.   luis@aol.com
d.   luis@yahoo.com
e.   luis@coqui.net
f.   luis@prtc.net
g.   luis@centennialpr.com
h.   luis@caribe.net

Éstos son sólo unos ejemplos, pero usted ya captó la idea. Si usted posee uno de éstos, cámbielo inmediatamente. Utilice esto como una oportunidad de mercadeo cuando se lo comunique a sus prospectos y clientes.

Su dirección de correo electrónico debe ser igual a la de su página web. Éstas dos se complementan ya que residen en el mismo lugar en la internet. De esta forma le facilita a sus clientes y prospectos accederlo fácilmente.

Siéntese al lado de la persona con quien está negociando

Existe una historia de un niño que constantemente molestaban los chicos mayores en la escuela. En una ocasión cuando se le acercó este grupo de chicos para perturbarlo, el niño trazó frente a éstos una raya en el suelo. Retó, entonces, al más grande de los jóvenes a cruzarla.

Éste la cruzó sin temor alguno y de inmediato el niño le dijo a los demás que estaban al otro lado de la raya: "Ahora somos nosotros contra ustedes." Este acto dio fin a un constante acoso de parte de los chicos mayores contra este niño quien tenía ahora al mejor aliado.

Esta técnica se ha utilizado muy efectivamente en el mundo de los negocios por los mejores negociadores. Mentalmente el posicionarse físicamente en la misma área que las personas con quien estamos negociando, nos provee una gran ventaja. Es como crear en la otra persona cierto tipo de obligación para con usted.

Una estrategia muy efectiva al momento de negociar es la comunicación no verbal. Si usted está participando de una negociación donde hay varias personas de ambas partes, paree cada una de sus personas con las de la otra parte. En una mesa de conferencia, nunca siente a su equipo de un lado mientras tiene a la otra parte del lado opuesto. Todo lo contrario, asegúrese de que tiene a su equipo distribuido en partes iguales en el salón.

Aplique el Principio de Pareto

El Principio de Pareto, además conocido como la regla de 80/20, indica que el 80% de sus resultados será obtenido a través del 20% de sus esfuerzos. De igual manera, el 80% de su negocio será el resultado del 20% de sus esfuerzos de mercadeo. También indica que el 20% de su fuerza de venta producirá el 80% de los resultados.

Este principio se expuso por primera vez en el año 1895 por el economista italiano Vilfredo Pareto. Sus estudios revelaron que el 20% de la población controlaba el 80% de la riqueza. Luego, en otros estudios se descubrió que este principio aplicaba a todas las actividades económicas.

Por ejemplo, en los negocios el 20% de sus clientes son responsables por el 80% de sus ingresos. Un 20% de los productos producen el 80% de las ganancias. Un 20% de los clientes representan el 80% de sus problemas.

La clave es reconocer que este principio aplica a su vida personal y profesional. Por lo que es prudente preguntarnos si lo que estamos realizando en el momento es una de estas actividades que cae dentro del 20% que nos ofrece los mejores resultados o el 80% que sólo representa resultados marginales. Es importante analizar estos resultados para garantizar que estamos logrando una productividad eficiente. De lo contrario, debemos tomar acción correctiva inmediatamente.

Utilice el "Sistema de Puntos" todos los días

Uno de los sistemas más productivos en el campo de las ventas es el *Sistema de Puntos*. Existen cuatro pasos que son parte de toda venta. Éstos son:

Paso 1: Conseguir un prospecto

Paso 2: Establecer una cita

Paso 3: Reunirse con quien puede tomar la decisión

Paso 4: Cerrar la venta

El sistema funciona asignando un punto al Paso 1; dos puntos al Paso 2; tres puntos al Paso 3 y cuatro puntos al Paso 4. La clave es acumular cuatro puntos diarios. Éstos pueden ser obtenidos en cualquier combinación. Por ejemplo, conseguir cuatro prospectos o establecer dos citas. Igualmente puede conseguir un prospecto y reunirse con quien pueda tomar la decisión de comprar.

Lo importante es lograr los cuatro puntos diarios. La implementación de este sistema garantizará que tenga siempre actitivades en marcha hacia la realización de una venta. Puede establecerse la meta de lograr más de cuatro puntos si así desea. No puede anotar menos de cuatro puntos diarios.

Pruebe este sistema fielmente por 30 días y decida si en realidad debe implementarlo como parte esencial de su programa de ventas. No se arrepentirá.

Obedezca la Ley de la Creencia

La Ley de la Creencia dice que aquéllo que usted cree, con sentimientos profundos, se convierte en su realidad. Usted siempre va a actuar de manera consistente con sus creencias. Si cree que puede o si cree que no puede, siempre tendrá la razón.

El autor James Allen en su libro "Como el Hombre Piensa" expone de forma muy sencilla que consideremos que nosotros somos exactamente lo que pensamos y que de esta misma manera creamos nuestro mundo. Nos menciona, además, que por naturaleza todas las personas desean mejorar su condición. Sin embargo, son éstas quienes muchas veces no desean mejorarse verdaderamente.

Esto resulta contradictorio ya que la forma de mejorar nuestra condición es a través de nuestro mejoramiento personal. Ésta es la razón por la cual usted está leyendo este libro. En búsqueda de su mejoramiento personal ha decidido tomar acción. De esta forma logrará sus metas más eficientemente.

Cuando usted recibe información, su mente rechaza aquello que va en contra de sus creencias. No importa si esta información es cierta o no. Es por esto que necesitamos ser expuestos a la mayor cantidad de información posible. Así podremos eventualmente formar nuevas creencias. Sus actuales creencias lo han llevado a donde usted está. Si desea algo diferente, tendrá que adquirir nuevas creencias.

Opere con una perspectiva a largo plazo

El doctor Edward Banfield de la Universidad de Harvard realizó estudios que revelaron que las personas que alcanzan altos niveles sociales y económicos en nuestra sociedad son aquéllos que operan con una perspectiva a largo plazo. Mientras más alto el nivel económico, más alta es la perspectiva de tiempo en las personas.

De forma práctica podemos utilizar esta información para ayudarnos a tomar decisiones. En muchas situaciones nuestras decisiones están basadas en los posibles beneficios que podríamos obtener en un período relativamente corto. Un buen ejemplo en nuestra industria es la tendencia de algunos corredores a aceptar contratos de listado y porcentajes de comisión bajos que los mantienen en desventaja al momento de ejecutar sus funciones.

Su justificación es la de hacer lo que haya que hacer para lograr conseguir el contrato. Estas personas trabajan con una perspectiva de tiempo muy corto y no le ayudará a alcanzar altos niveles en nuestra sociedad.

Un ejemplo claro de lo contrario se relaciona a las personas que estudian medicina. Éstos están acostumbrados a operar con perspectivas a largo plazo. Tienen que estudiar por muchos años para lograr obtener los beneficios de sus estudios. Resista la tentación de hacer las cosas con una perspectiva a corto plazo y obtendrá mejores beneficios.

Permanezca firme en su decisión

En negociaciones cuando usted conoce exactamente lo que desea obtener, manténgase firme. Usted nunca sabrá los términos finales que puede obtener hasta que haya permanecido firme en su decisión. Posiblemente tenga que retirarse del salón de negociación.

Una vez durante la compra de un complejo de apartamentos me indicaron al cierre que existía una deuda por concepto de servicios de agua potable. La misma era por $18,000 y el oficial del banco indicó que era mi responsabilidad pagar la deuda antes de concluir el cierre de la venta.

Me levanté y le dije al banquero que esa deuda no había sido divulgada con anticipación y por lo tanto no estaba contemplada en el análisis de inversión que yo había realizado. Sugerí que si el banco deseaba efectuar la transacción (la cual era de un volumen considerable) ellos tendrían que pagar dicha deuda o cobrársela a los dueños actuales quienes incurrieron en la misma.

El banco se negó por lo que tranquilamente me fui del salón. Hubiese pagado por la deuda ya que aún era una buena inversión; quería saber hasta dónde podía llegar el banco o los dueños actuales. Sabía que me estaba arriesgando y que podía perder la oportunidad de obtener esta propiedad. Al día siguiente me llamaron y efectuamos el cierre. El banco asumió la deuda.

Manténgase innovando sus servicios

Todos debemos innovar nuestros servicios. Uno de los mejores ejemplos proviene de Tom Monahan, fundador de Domino's Pizza. Una de sus franquicias comenzó operaciones en un área turística la cual era habitada sólo seis meses al año. En adición a esto, dicha área era muy grande, por lo que hacía imposible entregar las pizzas en 30 minutos que era lo que promovía la compañía.

Para cumplir con el tiempo establecido tuvieron que comenzar a entregar pizza en botes. Aunque lo hacían en 30 minutos o menos, la misma llegaba aplastada. Esto los obligó a crear un mecanismo giroscópico que mantenía las cajas balanceadas sin importar el movimiento del bote.

Después de haber superado exitosamente esta primera etapa tuvieron problemas por la noche ya que los muelles no tenían luces. La compañía procedió a instalar lámparas en todos los muelles asumiendo el costo de esto. Bajo las lámparas, también, instalaron los números de las casas. Mucho trabajo para lograr que un negocio opere; pero, Tom Monaham estaba compremetido con el éxito de su negocio.

El resultado fue que esta franquicia en forma anualizada logró generar ingresos en su primer año de más de 133% que todas las demás franquicias de Domino's, a pesar de que sólo operaba seis meses al año. ¿De qué forma puede usted innovar su negocio y producir más con menos?

Domine las fórmulas de costo versus valor

En el mercado inmobiliario existe una gran cantidad de estrategias que podemos utilizar para incrementar el valor de las propiedades. Como ya mencionamos anteriormente tenemos a nuestra disposición formas de acrecentar el valor de las propiedades, apoyando a nuestros clientes en la capitalización más adecuada y lucrativa. Esto logrará que sean fieles a nuestros servicios.

La manera más eficiente de hacer esto es a través de fórmulas que determinan el valor obtenido versus el costo necesario para implantar dichas medidas. Existen páginas web dedicadas exclusivamente a los cálculos y estimados del efecto de las mejoras en el valor de la propiedad. De igual modo, podemos acudir a nuestros colegas tasadores para que éstos nos ilustren de manera sencilla, cuáles son las estrategias que debemos recomendar en nuestros mercados particulares.

No existe mayor valor para usted como profesional de bienes raíces que dominar a cabalidad las formas de aumentar el valor de las propiedades. Éste es el mejor servicio que le puede brindar a sus clientes

Recopile una lista de estas estrategias y apoye a sus clientes en su utilización. No importa que su cliente sea un comprador o un vendedor, este conocimiento le dará el mayor rendimiento en su inversión de tiempo y dinero.

Contrate empleados que fueron atletas
o que tuvieron una ruta de periódicos

Es increíble la cantidad de personas que son extremadamente exitosos en sus negocios y profesiones que durante su niñez y adolescencia practicaron algún tipo de deporte o tuvieron una ruta de periódicos. Varios estudios de los líderes de las compañías más grandes han confirmado lo antes expuesto.

Ambas actividades requieren sacrificio y esfuerzo individual. Por lo general, son actividades solitarias que desarrollan el carácter de la persona. Los individuos que llevan a cabo estas actividades son muy disciplinados y conocen que las cosas toman tiempo. Nada ocurre de la noche a la mañana. No obstante, cuando las cosas se dan saben disfrutarlas.

El espíritu de competencia, también, se desarrolla en estas actividades. Se requiere una autoimagen saludable para permanecer en deportes y rutas de periódicos por un período extenso de tiempo. Mientras los demás compañeros están jugando o perdiendo el tiempo, los niños y adolescentes que practican deportes o tienen una ruta de periódico desarrollan cualidades que les servirán de base para futuros éxitos.

Al momento de contratar empleados o asociados busque personas con estas características. Contrate por actitud y adiestre para experiencia.

Establezca un plan de desarrollo personal

El objetivo principal de este libro es persuadirlo a establecer un plan de desarrollo personal. Todas las estrategias mencionadas están dirigidas a mejorar su habilidad de generar ingresos en este campo tan competido. Usted puede. Su arma secreta es su desarrollo personal.

Un plan de desarrollo personal logrará que usted mantenga su mente abierta a toda posibilidad de crecimiento personal. Esto es muy diferente a la actitud de pensar que ya lo conocemos todo como resultado de haber estado en la industria por muchos años.

También, le servirá de reto para medir y comparar su productividad contra aquéllas que tienen las personas más exitosas en su campo. No es querer competir con otros, sino competir con usted mismo. Recuerde que sus habilidades y potencial son ilimitados por su deseo de sobresalir y su creencia en que puede lograrlo.

Finalmente, usted encontrará que el proceso de desarrollo personal tiene efectos positivos en todas las áreas de su vida. Esto se debe, como ya mencionamos, a que todas las disciplinas se afectan entre sí. Es por eso que debemos mirar nuestro desarrollo como una ley de vida. Según progresa nuestra vida se espera que también avancemos como seres humanos. Es esto lo que le brindará abundancia.

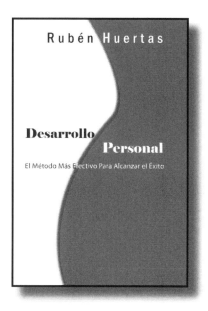

Lea un extracto del libro

"Desarrollo Personal"

El Método más Efectivo para Alcanzar el Éxito

Por Rubén Huertas

Disponible a través de

Power Publishing Learning Systems

www.powerpublishingpr.com

Pídalo en su librería favorita

ISBN 978-0-9819090-0-4

Ramón, El Vendedor

Ramón es un vendedor que se ganó un viaje por haber sido seleccionado como uno de los 10 mejores en su empresa. Todos los premiados fueron invitados a disfrutar de una bella y exótica Isla del Caribe durante una semana. Los gastos vacacionales estaban cubiertos por esta grandiosa compañía.

Al llegar a la Isla todos se fijaron en la belleza de los jardines y en el impresionante azul cielo. No había nube alguna que opacara su esplendor. Asimismo, los jardines y áreas verdes eran muy amplios, brillantes y muy bien cuidados. La Isla era sencillamente un paraíso.

De igual manera, la recepción del hotel estaba decorada con abundantes flores frescas, brillantes y llamativas. Cada detalle era manejado con delicadeza. Era sin lugar a dudas una operación de primera clase. Desde los pulidos pisos en mármol hasta las delicadas molduras talladas en caoba, una verdadera obra de arte.

Se percibía, en cada detalle de las facilidades, el gran orgullo que sentían los dueños al igual que sus empleados. Recibieron, entonces, a Ramón y al resto de sus compañeros. Cada uno fue escoltado a su villa por un elegante y cortés empleado. Su uniforme, perfectamente planchado, mostraba un atractivo escudo dorado grabado en la parte izquierda de su chaqueta color azul marino. Además, presentaba el nombre y la insignia de este increíble hotel.

Una vez en su habitación, Ramón quedó muy impresionado con las amplias ventanas con vista al mar y el lavamanos en mármol con llaves en oro. El clima era perfecto y una suave y melodiosa música se escuchaba a través de unas bocinas que se fusionaban con el majestuoso diseño de su cuarto.

En ese momento intentó darle una propina al empleado que ya se retiraba; pero, éste la rechazó amablemente. Le indicó que todas las propinas habían sido cubiertas por su empresa y que sólo tenía que disfrutar y descansar. Éste era su recompensa por ser uno de los vendedores más destacados de su trabajo.

Ramón estaba muy entusiasmado y procedió a prepararse para las actividades de esa noche. El grupo de vendedores tendría una cena formal y un orador muy conocido les deleitaría con una charla de motivación.

Tan pronto como terminó de prepararse, bajó las escaleras de su villa hasta llegar a un comedor privado, pensando en lo afortunado que era por haber tenido la oportunidad de participar de dicho viaje y visitar un lugar tan espectacular. Estaba ansioso por llamar a su esposa y contarle todo al respecto.

Durante la cena, todos los vendedores comentaban sobre cuán grandiosas eran sus villas. Especialmente estaban impresionados con la amplia piscina privada con vista al mar que cada uno tenía. Ramón tenía una villa espectacular, pero sin piscina. Así que comenzó a pensar que aunque había sobrepasado su cuota de ventas y calificado para el viaje, tal vez su producción no era tan buena como la de los otros vendedores quienes obviamente disfrutaban de mejores habitaciones.

Ramón nunca había visitado un lugar tan majestuoso, así que de todas maneras estaba muy contento de estar allí. Decidió escuchar a los demás y no comentar sobre su villa.

Al finalizar la cena, Ramón regresó a su villa y pasó casi toda la noche disfrutando de películas en la pantalla gigante que había en su cuarto. Disfrutó cada minuto de éstas como si fuera un niño.

La mañana siguiente, durante el desayuno, todos los demás vendedores comentaban cuán fantásticos fueron los conciertos en vivo que tuvieron en los balcones de sus villas privadas con vista al mar. Éstos aseguraban, de forma muy eufórica, que esa noche había sido una de las más memorables de sus vidas.

Cada uno de sus compañeros tuvo como artista invitado a su cantante o banda favorita. Esa noche hubo conciertos en vivo con "The Rolling Stones", "Madonna", "Juan Luis Guerra", "Julio Iglesias", "Maná", "El Gran Combo", entre otros.

Ahora sí que Ramón estaba seguro de que su producción no pudo haber sido tan buena como la de los demás vendedores. Definitivamente, disfrutó de sus películas en la pantalla gigante; pero, nada como lo que sus colegas habían tenido: conciertos en vivo con las mejores estrellas.

Así pasó toda la semana, cada día con un evento superior al anterior. Ramón se limitó a escuchar y no comentar sobre sus experiencias ya que todas fueron muy inferiores a las de los demás. Sin embargo, tenía que reconocer que éstas fueron superiores a todo lo que había vivido hasta ese momento.

El último día, Ramón se preparó para regresar a su casa y llamó al maletero para que llevara su equipaje a la limosina que los dejaría en el aeropuerto. En menos de dos minutos llegó a su cuarto. Éste acomodó las maletas en el carro de rodaje y le preguntó a Ramón si tenía alguna otra maleta en la habitación principal. ¿Habitación principal? ¿A qué usted se refiere?, preguntó Ramón. El maletero, en ese instante, abrió las puertas dobles que continuaban hacia la habitación principal.

Para su sorpresa, Ramón había pasado toda la semana en el área de recepción de su villa sin percatarse de que detrás de esas puertas dobles estaba la habitación principal y las mayores atracciones de la villa.

Durante todo el tiempo había tenido acceso a una amplia piscina con vista al mar. Detrás de unas bellas puertas en cristal estaba el enorme balcón con su elegante escenario y copias del programa del concierto que Richard Clayderman, su artista favorito había ofrecido.

Ramón no podía creer que todo esto había ocurrido durante la semana y que él se lo había perdido. Estaba un poco desilusionado. Si hubiera sabido que tenía todo esto, su viaje hubiese sido mucho más enriquecedor.

Así sucede con nuestra vida, la que está llena de puertas y grandiosas oportunidades. Éstas esperan por nuestras manos para abrirlas y descubrirlas. Muchas veces no las vemos y nuestro caminar se torna pesado. Prestemos, también, atención a aquellas personas que están dispuestas a ayudarnos y nos abren su corazón. Evitemos, pues, que nuestras inseguridades y ansiedades nos confundan mientras intentamos trabajar por nuestras metas.

Ramón, el vendedor de esta historia, desconocía que esas puertas maravillosas existían; a pesar de tenerlas frente a sí mismo todo el tiempo. Discreto y conforme con lo recibido, no tuvo la valentía de descubrir lo que la vida le deparaba en ese momento. Probablemente pensó cuán avergonzado se hubiese sentido al preguntar qué había detrás. Ciego y con temor a parecer tonto, perdió grandes oportunidades.

La vida siempre nos dará aquello que nos merecemos, pero muchas veces tenemos que pedirlo. Sería una pena pasar por nuestras vidas ignorando lo obvio y sin percatarse de aquello que está a simple vista. Lo que sea que usted desee, búsquelo. La respuesta está dentro de usted, esperando que usted pregunte. Despierte y viva.

La vida siempre nos dará aquello que nos merecemos, pero muchas veces tenemos que pedirlo.

Conozca al autor

Conozca al autor

Rubén Huertas es Presidente y CEO de la compañía *Power Holdings Realty Group*, una firma de consultoría, inversiones y corretaje comercial. La misma ofrece como parte de sus servicios: asesoría, seminarios, y análisis financieros y de mercado.

En Puerto Rico, cursó estudios en la Universidad de Puerto Rico, Recinto de Cayey (CUC) y en la Universidad del Sagrado Corazón (USC). En Nueva York, cursó estudios en el Instituto de Tecnología de Rochester (RIT). En este último obtuvo su bachillerato en Artes y Ciencias.

Ha tenido carreras exitosas con compañías listadas en "Fortune 100" en varias posiciones ejecutivas incluyendo: ventas, mercadeo y gerencia. Su experiencia incluye las áreas de desarrollo y construcción, administración de edificios comerciales, centros comerciales, campos de golf, centros médicos, teatros y restaurantes y ventas al detal, administrando en esta industria cadenas nacionales.

Ha administrado sobre seis millones de pies cuadrados de bienes raíces comerciales en el noreste, sureste, centro y zona atlántica de los Estados Unidos incluyendo estados como: Nueva York, Illinois, Pennsylvania, Florida e Indiana.

En la industria de los REIT's (fideicomisos), Huertas ha administrado portfolios de bienes raíces con una valorización de mercado de medio billón de dólares para uno de los REIT's más grandes de los Estados Unidos.

Huertas es un inversionista en bienes raíces y fue el fundador de *"Sterling Communities"*, una compañía dedicada a la adquisición de apartamentos para la renta (multi-housing) y la administración de propiedades comerciales y residenciales.

Como empresario, utiliza su experiencia en diversas ramas de los bienes raíces para realizar análisis financieros muy detallados y evaluar la viabilidad y posible rendimiento en inversión de propiedades comerciales. Se concentra en crear formas de aumentar consistentemente los ingresos netos de las propiedades para que éstas incrementen en valor.

Fundó la compañía *"Smart Mortgage Savings"* en el estado de Nueva York, la cual se dedicaba a ofrecer el producto de aceleración de hipotecas (bi-weekly mortgages). Actualmente este producto es ofrecido a través de *"Power Holdings Realty Group"* como un servicio de cortesía a sus clientes.

Ha sido dueño, además, de la compañía de publicidad y mercadeo *"Print Works Plus"* donde fue reconocido como empresario por el periódico "Democrat & Chronicle" en Nueva York. *"Print Works Plus"* con oficinas centrales en Nueva York y sucursales en Michigan, Ohio, Indiana, Alabama y Mississippi, tenía como principales clientes a compañías en la industria automovilística tales como General Motors, Daimler-Chrysler, Ford, A/C Delco, Delphi, UAW y Valeo.

Fuera de la industria automovilística, algunos de sus clientes lo fueron: Home Properties, GMAC, Bausch & Lomb, Eastman Kodak, Paychex, American Postal Workers Union, Xerox, Unity Health System, Toastmasters International, Thompson Publishing, Harris Interactive, FLACNA, Citibank y ACC Telecom.

Por otra parte, como orador profesional perteneció a la organización internacional de oradores "Toastmasters" y obtuvo la más alta designación que esta organización otorga, "Distinguished Toastmaster". Ésta toma por lo general siete años en adquirirla; Rubén la logró conquistar en tan sólo cinco años.

Con esta preparación logra fundar la compañía "*The Huertas Leadership Group*", la cual ofrecía seminarios y charlas a corporaciones tanto públicas como privadas cubriendo los siguientes temas: ventas, mercadeo, gerencia, administración del tiempo, comunicación, liderazgo, inversiones en bienes raíces, oratoria, desarrollo personal, manejo de personalidades y etiqueta.

El autor está disponible para presentaciones, seminarios, talleres y consultoría tanto en inglés como en español. Para contrataciones pueden comunicarse con Power Publishing Learning Systems al 787.676.4444 o a través de correo electrónico a info@powerpublishingpr.com

Índice

Índice

POWER PUBLISHING
LEARNING SYSTEMS

En *Power Publishing Learning Systems* nuestro objetivo es el mejoramiento y superación personal y profesional de nuestros clientes. Hemos dedicado años de estudio para lograr brindarles las técnicas más avanzadas de aprendizaje y ofrecerles el mejor material disponible en la industria. De igual manera, hemos practicado personalmente los principios presentados. *Power Publishing Learning Systems* es su fuente de conocimientos, ideas, actitudes y contactos que lograrán llevarle al éxito.

Rubén Huertas

100

Estrategias
Para Triunfar en

Bienes
Raíces

SEA PARTE DE ESTE LIBRO

Ordénelo con el logo de su empresa en la cubierta.*
Escriba un mensaje dirigido a sus empleados, asociados
o clientes el cual será impreso como parte del libro.
Sea partícipe en este movimiento de educación para el
mejoramiento de nuestra industria. Utilice este libro
como parte de su programa de adiestramiento y como un
obsequio especial. El desarrollo personal y profesional es
la mejor inversión que podemos realizar.

*Orden mínima 25 copias.

15477551R00139

Made in the USA
Middletown, DE
06 November 2014